八连冠销售冠军的实战手记

乔名媛　都瑞斌　著

图书在版编目（CIP）数据

八连冠销售冠军的实战手记 / 乔名媛, 都瑞斌著 . -- 北京：中国商务出版社, 2020.2
ISBN 978-7-5103-3141-1

Ⅰ. ①八... Ⅱ. ①乔... ②都... Ⅲ. ①销售－通俗读物 Ⅳ. ① F713.3-49

中国版本图书馆 CIP 数据核字 (2019) 第 238861 号

八连冠销售冠军的实战手记
BALIANGUAN XIAOSHOU GUANJUN DE SHIZHAN SHOUJI

乔名媛　都瑞斌　著

出　　版：	中国商务出版社
地　　址：	北京市东城区安定门外大街东后巷 28 号　　邮　编：100710
责任部门：	发展事业部（010-64241423　cctpress@163.com）
策划编辑：	邓　明
责任编辑：	杨　云
总 发 行：	中国商务出版社发行部（010-64208388　64515150）
网　　址：	http://www.cctpress.com
邮　　箱：	cctp@cctpress.com
直销客服：	010-64241423
传　　真：	010-64241423
排　　版：	胡　椒
印　　刷：	北京时捷印刷有限公司
开　　本：	787mm×1092mm　1/16
印　　张：	14.5　　　　　　　　　　　　字　数：190 千字
版　　次：	2020 年 2 月第 1 版　　　　　　印　次：2020 年 2 月第 1 次印刷
书　　号：	ISBN 978-7-5103-3141-1
定　　价：	49.80 元

凡所购本版图书有印装质量问题，请与本社总编室联系。（电话：010-64212247）

版权所有　盗版必究　（盗版侵权举报可发邮件到本社邮箱：cctp@cctpress.com）

推荐序（一）

销售人员如果具备了市场营销的知识体系和实战技能，就会如虎添翼，因为销售人员不仅会低头拉车，还会抬头看路。销售人员需要有韧性，而市场营销人员需要有前瞻性，两者相辅相成，互相促进。

乔名媛和都瑞斌是我营销高手班的优秀学员，他们俩都是那种认真学习、努力拼搏、踏踏实实做事的学员。他们将自己多年的销售实战经验与市场营销的战略体系相结合，开发出一套切实可行的落地方案，既有高度，也有框架，更有具体的操作指南，非常实用、有效。

书中的很多内容都很朴素，很接地气，读起来不会让人觉得生涩。作者通过很多具体的案例，把读者带入一个个特定的场景，并用场景化的语言进行讲述，很容易让人接受。相信这本书对于从事销售工作的业务人员来说，会有很大的启发。

著名市场营销专家
原苹果公司中国市场总监
原中国惠普公司 CKO
高建华
2019 年 10 月

推荐序（二）

朋友发来《八连冠销售冠军的实战手记》书稿，并认真介绍说是一位叫乔名媛的女士写的。她是"蝉联华夏银行信用卡销售八连冠"的销售冠军，这本书是她的亲身工作经历总结，对当下在销售领域艰辛打拼的市场同仁很有启发价值，朋友请我给这本书写个序。

一边是朋友所托，一边是图书市场的鱼龙混杂，担心误导读者，特意在国庆期间阅读书稿。

果然值得一读！

作者对销售工作的理解，对顾客心理的拿捏，对销售技巧的运用，对客户的连串借力，对竞争对手客户的开发……独特新颖，令人茅塞顿开。

比如，关于销售的理解：作者认为促成一切商业交易的本质是信任，你有什么值得别人和你交换的？

所以作者说："忘掉钱这个概念，你只要记得互换原则。"别人是否信你，不是看你要卖给他什么，而是看你有什么值得他们信任。

销售首先要有一颗利他的心，有帮助别人的起心动念，还要有自己坚定的信念。

那么，什么是一个完整的销售环节？

很多人认为完成一单销售之后，销售工作就结束了，就该庆祝一下自己的销售成果了。

其实不是，作者说："这才刚刚开始，完成一单销售，根本就不是我的目的，我的目的是通过搞定他，进而去搞定他背后的人脉和资源，这才是我销售真正的开始。如果靠一个人一个人这样销售，累死我也成不了全国第一。"

这就是作者销售理念中的"客户借力"。

这也叫经营客户，通过客户来发展客户，一直循环，销售就会越做越大，这是一种多么有效的销售方法！

你一定要学会借力，借力能让你轻松完成销售任务。

而关于到哪里寻找客户，作者告诉我们要到竞争对手那里找，最好的客户就在你竞争对手那里。

作者的这一观念看似匪夷所思，想想还真是有道理。

为什么最好的客户在竞争对手那里呢？因为基本的产品知识不需要再给他们普及了，你就节省了大量的教育成本，你只需要引导客户理解你的产品和竞品之间的区别就好了！

类似的知识点还有很多。

销售高手不一定是最勤奋的、最辛苦的，但他一定做对了什么，究竟做对什么？

这就是本书要告诉你的。

每一个销售高手都是不断优化自己的销售流程的人，而好的销售流程一旦固化之后，就可以传递给整个团队，创造更大的团队业绩。

本书语言活泼，故事生动，充满激情，玄机不断，又环环相扣，读来令人愉快，易懂实用。

营销战略与品牌运营专家

路长全

2019 年 10 月

推荐序（三）

20世纪70年代，河北唐山，23秒的大地震，24万余人死亡。震后余波仍犹在，一波不与一波同。

20世纪80年代，在唐山一个普通的农村，有一个重男轻女的地道农民，在"宁可家破、不可国亡""宁添十座坟，不添一个人""能引就引、能流就流、就是坚决不能生""喝药不夺瓶，上吊就给绳"……的计划生育基本国策下，"不孝有三、无后为大"——几千年的封建思想依然根深蒂固，在大地震的死灰中复燃。

即便如此，这个农民的冥顽不化、初心不改：邻家两朵姐妹花儿已经初长成，在两个妹妹刚出生就被送人抱走之后，他还是一直想要个男孩。直到几年之后，这个农民终于得偿多年夙愿，而她终于有了一个弟弟；不仅如此，多年之后，她又找到了失散的两个妹妹。

而她，就是这个男孩的姐姐——《八连冠销售冠军的实战手记》一书的作者。从七八岁开始背井离乡，她一边照顾弟弟，一边卖凉皮；没有衣锦还乡，万元巨额罚款之后，在白眼与嘲笑中，她伟大的妈妈突然有一天疯了……

苦难是一颗神奇的种子，要么向下生长——遭遇命运不能承受之重的苟且与噩梦；要么向上生长——你会看见远方与美梦照进现实的样子。

卖凉皮的美丽小女孩，她有一个花一样的名字——乔名媛。不在苦难中失败，就在苦难中成功。在苦难中艰难成长的她，每天平均一两分钟就要办出一张信用卡，连续8年稳坐华夏银行全国销售总冠军。

今天的苦难，是为了明天像冠军一样活着——如果你永远不会低估自己，并且永远相信自己有一颗冠军的心的话。其实，你原本生来就是冠军，也有一颗冠军的心。

至于你能不能像冠军一样活着，个中关键，非冠军看见的秘密是：你能否先成交别人，然后再成就自己；而冠军看见的真相是：你能否先成就别人，然后再成交自己。

因为冠军的心里，永远有一把冠军的精神之火在燃烧着，这把火的精神世界里永远有一个声音在心底回想：你的成就，取决于你帮助多少人成就了他们的成就。

得到自己想要的任何东西的最好办法，就是去帮助别人得到他们想要的东西；最好的口碑，来自你真心实意地帮助别人实现梦想与目标。

你想要什么其实不重要，对方想要什么对你很重要；你想卖什么其实不重要，对方想要买什么很重要。

而成为销售冠军的实战心法秘诀，恰如乔名媛在书中所说："当你真正站在了对方（客户）的立场和角度，从对方内心深处的问题、困惑、欲望、痛苦、目标、梦想、好处……出发的时候，你就走进了对方的世界，客户觉得成交是为了成就自己，于是你和客户的一切梦想和目标，都自然而然发生了。"

客户有一万个借口拒绝你和你的产品，但唯一不会拒绝的就是他们内心深处的梦想与目标，那是你成交和成就客户的唯一砝码。因为客户拒绝你的借口，也是你成交或成就他们的理由。

基因是自私的，但我希望你是无私的。摆脱自私的基因左右，才能左右自己的人生。做一个真实而无私的自己，你就是自己的冠军，并且不仅仅会像冠军一样活着，你还会活出冠军的样子。

科学营销之父
首席文案策划官创始人
浦江
2019 年 10 月

前 言

在任何商学院或者 MBA，都几乎没有关于销售的系统培训，身处市场销售一线的销售人员却渴望能有一个可以参照的对象：见到客户如何说出吸引人的开场白，引起客户的兴趣？如何和客户快速建立信任，让客户愿意听你继续讲下去？如何通过需求调查找到客户的真实购买需求？如何用产品帮客户解决困惑，创造独到价值？如何让客户购买了产品后还感谢你？……

就像手里能有一把可以丈量的尺子一样，销售人员都想知道在销售过程中什么是对的，什么是像水中危险的漩涡一样要极力避开的。

在我刚开始做销售的时候也很痛苦——不知道如何开口，说出的话连自己都觉得没有吸引力。

面对客户，我需要帮助，我需要借助一个像门把手一样的东西，帮我推开成功销售的大门，这样才不至于让我感觉无从开口。

但是，我坚信，凡是与技能相关的事，一定可以学会。

于是，我花了 11 年的时间，从书里、课程及其他人的话术中，看各种要点、步骤等来提高自己，向这个世界上最顶尖的大师学习销售流程的精髓。

然后，我不断地和客户沟通，试错，纠正……11 年来，这些东西融入我的血液。数年之后，我终于有了自己的一套系统销售话术——从最初的每次使用话术只能成交几百元，到能够带来 1 万多元乃至 10 万多元的收入。

这套系统的方法也让我连续 8 年获得了华夏银行的全国销售总冠军。

看到很多身处销售一线的朋友，为了掌握好销售这门技能，经常去参加各种学习，钱没少花，最后却收效甚微，一开口就是各种套话和鸡血，业绩没有得到提升，反而引起客户的反感。

我愿意通过自己的微薄之力，把自己这些年的成功销售经验和总结出来的这套体系分享出来，让更多的销售人员能明白真正的销售流程是什么样的，如何和客户进行有效沟通，让每个销售者都能成为销售精英。

为了更好地让这些经验帮助你，在你的销售工作中更好地得以运用，我邀请都瑞斌先生对我的口述进行了系统的整理和理论升华。历时两年，终于有了现在能带给你帮助的这本《八连冠销售冠军的实战手记》。

首先，这本书从销售哲学的层面阐述了销售的终极目的，从科学的层面给出了方法论，有工具，有方法，有流程，有细节，相较于理论派更实用，相较于实战派有理可依，有据可查。

其次，本书通俗易懂，重点突出，应用方便，在带给销售工作者启发和灵感的同时，对有关的销售应用重点进行了加粗标黑，每节最后留有核心知识点总结和行动计划，方便读者把自己的思考和行动计划及时写下来。

再次，本书排版布局独特，每段最多5行字，简洁流畅，便于标注，阅读体验好，能引发读者的学习兴趣，让读者在学习销售技能的同时享受读书的乐趣。

最后，本书的落地实战辅导"冠军话术"线下辅导班目前已举办4期，广受销售从业工作者的欢迎和好评，学员反映容易操作，能掌握系统的销售流程和背后的逻辑，更全面、更系统，是现今培训界的一股清流。

其实，这本书好与不好，有没有帮助，你才是最有权力下结论的人！如果你真的渴望成为一个优秀的销售人员，那么我坚信这本书一定能帮到你！

乔名媛　都瑞斌
2019年9月于北京

目 录

第一章　成为顶尖销售高手的秘密
第一节　一句话救活一家蛋糕店 /003
第二节　3分钟收到现金的陌生成交秘诀 /010
第三节　从来不办信用卡的信用卡销售冠军 /022
第四节　每天打客户接不到的电话竟然让我业绩倍增 /032
第五节　最好的客户在竞争对手那里 /043
第六节　靠拒绝客户做到八连冠的绝招 /052

第二章　简单这几招把你变成销售高手
第一节　信任的3个钱包 /061
第二节　把破冰变成建立信任的绝杀武器 /068
第三节　自我设限、反向思维和销售立场转换 /075
第四节　3分钟筛选精准客户 /082
第五节　3句赞美客户的话就让他迫不及待成交 /088
第六节　像律师一样开口收钱的直接成交法 /095

第三章　苦难是成功的种子，总有一天会长成参天大树
第一节　9岁的小女孩怎么让凉粉卖到脱销 /105
第二节　怎么把遗憾变成你成功的动力 /112
第三节　曾经的苦难会铸就你内心的强大信念 /117

第四节 如何在大学卖报纸也能开创出自己的一片天地 /123

第五节 没有不可能：大学二年级就成为会赚钱的"律师" /129

第六节 可能会让你毁灭的情感错觉 /135

第七节 你最美好的人生来自选择 /141

第四章 你也可以从菜鸟变成冠军

第一节 你有没有曾经为了理想寄人篱下 /147

第二节 在这里活着，在这里迷茫：百度的"不堪回首" /151

第三节 成功就是永不放弃：为了销售梦兼职当"鸡头" /160

第四节 再度地祈祷和失去：国际贸易公司再受"重创" /164

第五节 你要相信坚持下去就会柳暗花明：入职华夏银行 /169

第五章 找对人、问对话，你就能轻松赚钱、潇洒生活

第一节 为你的产品设计引爆业绩的开卡礼 /179

第二节 让产品批量成交的团办流程揭秘 /185

第三节 从未公开的秘密：如何让事业单位实现团办 /191

第四节 做销售时被抓到保安室如何把产品卖给保安经理 /197

第五节 冠军信念竟然让我努力到惊动银行总经理 /201

第六节 故事营销：让客户不可抗拒的不销而销 /206

后 记

不得不说的秘密 /211

学员见证 /217

第一章
成为顶尖销售高手的秘密

销售不只是技能,更是天赋,与生俱来。每个人的身体里天生都有无穷的能量,善用这些力量,使用在正确的方向上,你可以轻易成为第一名。相信你通过书中这些成功经验,一定可以得到更多的灵感和收获。

第一节 一句话救活一家蛋糕店

夜已深，桌上的咖啡已经续了好几杯，坐在我对面的好友晴却谈兴正浓，兴奋得手舞足蹈，这一切都是因为我的一句话让她濒临倒闭的蛋糕店重新获得了勃勃生机。

我是乔名媛，华夏银行连续8年的全国销售总冠军。对，你没有看错，不是连续两年，是连续8年的全国销售总冠军。

8年可以创造无数的奇迹。今天你通过我分享的8年销售经验和精髓，可以获得销售上的灵感和启发，同时你可以一步一步地按照书上的指引，轻松成为销售高手，成为下一个奇迹。

晴是观看完我的现场分享销售秘诀培训后（那场分享现场成交108万元）在台下找到我的，晴一上来就抱着我兴奋地说："名媛，你真是太棒了！你是怎么做到的。十几年不见，你已经成了有名的老师，我还在老家开蛋糕店。"晴是我老家十几年未曾谋面的朋友。

在我和众多企业家聚餐再次分享后，晴请求我一定要和她再多待一会儿，她要多学习一点儿销售的干货，还让我帮她的蛋糕店解决一个迫在眉睫的难题。

晴是一个对生活很有追求的女孩子，做事业也是如此。她的蛋糕店从装修品位到蛋糕品系做得都很精致，也有一些忠实粉丝，只是销量一直上不来，经营慢慢变得艰难起来，这才想出来学习，寻找突破。可学费交了不少，目前还没有成效，她内心无比焦急。

在培训会现场，晴看到我可以连续8年做到全国销售总冠军，更重要的是，我还是她可以信任的朋友，所以她又一次燃起了希望。

我们来到晴入住的酒店，晴安顿好了孩子（晴是一个好妈妈，出来学习有机会总会把孩子带出来见见世面）后，我们俩一人一杯咖啡，然后开始关于销售的热烈讨论。

我对晴说,如果这些年你能静下心来做一个生活的"观察者",那你一定对销售的真正核心有自己独到的见解。

而且你会发现,掌握销售的核心秘诀后赚钱真的很简单,拥有大量的忠实客户也是很简单的事,**赚钱就像医生开药方一样简单。**

很多老师都在使用这些核心秘诀低调赚钱,但是他们并不想让更多的人知道,即使你成为他们的合伙人也不会告诉你。

如果你也能悟透这个销售的核心秘密,掌握精髓,那么你蛋糕店的问题只是小问题,很容易就能解决。

要明白赚钱的多少是靠什么因素决定的。

除了那些深奥的理论,赚钱有没有像小学生做算术题一样的简单公式?这个肯定有,只是一般人不愿意告诉你,都是一层窗户纸的事,**有些平常人觉得梦寐以求的事在一个更高的维度就是常态。**

最简单的赚钱公式:你最终可以赚多少钱 = 你拥有的客户总数量 × 信任度。

你看,在赚钱总量公式中有两个因素,一个是客户总数量,另一个是信任度。只要提高这两个条件中的任何一个,都能对你最终赚多少钱产生影响。

在初期的时候,你手上的客户不可能有很庞大的数量,你唯一能着手的地方只有通过培养目前手里拥有的现成客户来创造重复成交,同时从提供好的售后或客户回访互动来创造口碑。

★ 你所有的精力和服务都要建立在你的客户转介绍上

因为如果 A 相信你,B 相信 A,A 向 B 推荐你,于是 B 也会相信你,至少 B 有了一定的信任基础,你可以进行信任度增强培育。

记住一点:"钱"也只算是商品的一种。只是它比较高级,属于万能商品,什么商品都可以用它兑换。而在钱还没出现之前，人们之间的交易就是建立在信任的基础上——以物易物，完成了一次次交易。

我说这些是让你从**根本的角度**出发去发现问题，你会发现**促成一切商业交易的本质是信任、信赖。你要忘掉"钱"这个概念，只要记得互换原则。**

别急着销售你的产品，你先要确定你能为客户创造什么样的信赖感。一开始就让你从 0 发展到 1000 个客户是非常难的，那么你一定要忘掉客户总数量，先从信任度一点点着手去做！

其实不管什么时候，信任度都要大于客户总人数。**一切商业销售交易行为，都是价值交换的过程，都深深打上了"信用"的价值烙印。**

现在的市场经济其实就是"信用经济"，商业社会就是"信用社会"，你的品牌财富就是你培育消费者信赖的过程。**信赖感天生具备神奇的传播特性，它可以自发地、迅速地、无边界地快速传播。**

最好的口碑就是信任度，也是你品牌最好的背书！

我给你讲个故事：

一户人家盖房子，需要借 5 万元。一天傍晚吃过晚饭，男人和女人分头出去借钱。到了晚上 10 点多，男人回来了，借到了 4 万元。

可是女人一直到晚上 12 点才回来，却没有借到一分钱。

男人问女人："你是怎么向人家借钱的？"女人回答："我就说我家里需要 5 万元盖房子，你可以帮帮忙借给我吗？有钱了一定马上还！"

男人听完大笑，对女人说："你知道我是怎么借钱的吗？我说我家里盖房子需要 5 万元，已经借到 4 万元了，你可以借给我 1 万元吗？我家里建好房子摆完酒席收到礼金后马上还给你。"其实女人和男人表达的意思差不多，但结果却是天壤之别！

★ 别人借钱给你，不会看你要什么，而是看你有什么

你有没有具体的还钱计划？你有没有还钱能力？所谓借急不借穷，就是这个道理。

信任率，也是一样的道理。别人信任你，不会看你要给他什么，而是看你有什么值得他们信任。

在销售中也是一样，客户看的是你有什么！

这个就是交易的平衡问题，你给客户的产品，一定是让他相信你能给他在这个价位段最"好"的东西。

所谓只买"对"的，不买"贵"的。客户消费和人际交往是一样的，因为客户不会雪中送炭，只会锦上添花。

想要客户在你这里成交，你一定要让客户觉得在你这里买是对的。这里可以用八个字简单概括：**贡献价值，培育信任**。

什么是贡献价值呢？价值可以是产品，也可以是对客户有帮助的信息。

好的"产品"对应到晴的蛋糕店可以有三个标准：

（1）口碑更容易传播。

（2）口味和价钱更容易让顾客接受。

（3）更容易引发后续的多次消费。

在说"产品"之前，记住一句话：客户是天然存在的，没有一个客户是存在于真空中的，只是你少了一个钓鱼的方法。

除非你的产品全世界独一家！

举一个男孩给女朋友送礼物的例子：花1000元买个围巾，可能都好过花1000元买个手机送给女朋友，想一想有没有这种可能？

这里送礼物讨欢心的"产品"要用对，你要钓什么样的鱼，就要用正确的鱼饵，不要到最后，花了钱，又钓不到鱼（得不到你想要的结果）。

那么，什么样的鱼饵最有价值？

高价产生价值！

低价产生欲望！

★ 行动力来源于"高价的商品低价卖"

这是你听过很多人都这么说的销售策略，其实也不一定，那只是贪便宜，当然也不是说这样就无效，只是这样的客户不会珍惜你的产品或品牌价值。

就像上面的例子中男孩给女朋友送礼物一样。从本质上讲，"鱼饵"就是比"目前产品"更容易打入顾客群体的"跳板"。其实，有些事情只要反过来想一下，可能解决的方法会更好。

你要先设计一个能让你的潜在目标客户可以接触到的跳板产品。

先要让客户对你有了解，而这个了解可以是一种高价值的与产品相关的生活资讯，或是低价送高价值的小物件产品（非主卖产品），但一定要与你主卖的产品有关联性。

在这样的思路中，你设计一个传播的方法，比如免费送，或是猜对谜语送，或是小游戏互动，或是叫目标客户帮个小忙等。

这些设计的销售主张都是客户力所能及、不用动脑就能立刻去做的事，因为容易办到就能形成大面积高价值的传播，这样比你直接打广告要来得快速、准确、高效。

一定不要觉得这是额外的付出，你在做任何一门生意的过程中，**等待的时间成本越短，你成功的概率就越高**。最怕时间过长，你的信心和团队信心都消失殆尽，最后你就会全盘皆输（损失总投资额或成本）。其实你只要做好前面"临门一脚"的额外付出，可能全盘皆活。

如果你能做到每天送出的高价值东西能得到 10 名精准客户,这样一个月之后,你已经有 300 个精准潜在消费者,而这些人因为白拿或是很容易得到这样的礼物,多少心里会存在着一种欠你的不安心情。

之后你再多次打广告,他们就不再反感,而是更关注你的东西比别人好在哪里,他们自己都会说服自己,找出不得不买的理由。

同时因为得到你的礼物(没有动机行为的礼物),他们就会不经意中帮你宣传,为你说好话,毕竟拿人的手短、吃人的嘴软。

★ 这就是贡献价值的影响力

现在请你记住这样一句话:**购买源于信任;信任源于沟通;沟通始于获取联系方式。**

晴的蛋糕店有很多的高端粉丝,他们每个人背后都有一个圈子,现在只是自己在消费,让他们转介绍可能成功的概率并不高,但如果换一种思路去做会怎样呢?

晴可以研发一个新产品,提前塑造一下产品的价值,通知粉丝来做个品鉴,提提改进意见。如果有朋友是懂得欣赏美食的,可以邀请过来提提意见,这样客户感觉自己很受尊重,也没有购买和转介绍的压力,也就自然地会做转介绍,从而获取了新客户的数据和联系方式,形成裂变,市场不就打开了吗?

几天后,超有执行力的晴就靠这一招让蛋糕店再次红火起来。

之后,晴逢人就说我是个销售天才,直到前几天我和晴再次重逢,一个 3 分钟收到现金的现场成交,再次刷新了晴对销售的认识。

更多解析我们见第二节。

我的行动计划

通过这一节的分享,你学到了什么?又准备做点什么来提升自己呢?趁现在还有印象赶快写下来吧!

第二节 3分钟收到现金的陌生成交秘诀

如何在30秒内破冰并跟别人建立信任感？如果你能在30秒的时间内抓住客户的注意力，客户就会听你讲3分钟、30分钟，甚至更长的时间，你的销售就做得没问题。

我曾经无数次地3分钟在饭桌上收钱、3分钟在飞机上收钱、3分钟在出租车上收钱、3分钟在会场门口收钱，所有的一切，都来源于我用身边的各种素材来做破冰，建立信任，然后再讲其他的事情。所以你想一想，学会破冰，来建立信任感重不重要？

谈到这里我们一定要记住一个要点：**没有信任感，千万不要谈产品。**

在很多陌生的环境、场合，包括我们认识的很多老客户，**如果我们觉得还没有跟对方建立好信任感，就不要谈自己的产品有多好。你说得再好，别人也不会买你的产品，更不会认可你。**

如果要建立信任感，就一定要学会破冰。破冰非常关键。那么，什么适合做破冰的道具呢？对于高手什么都可以，一个笑容，一声招呼，你送客户的一块大白兔奶糖，都是破冰的道具。**你学会了这个技巧，一切都会变得很容易。**

我来分享一个破冰的案例：

有一天早上在酒店，7点左右我去吃早餐，这时去算是比较早的。当时这一拨人除了我，还有两三个企业的大老板，没有其他人。在盛菜的时候，我就说了一句话："早起的鸟儿有虫吃啊。"这时候客户紧接着来了一句："对，早起的虫儿被鸟吃。"然后大家都笑起来。

这就是客户教我如何破冰，说明这个客户是想把我当成他的客户，他肯定要给我介绍东西，故意做的破冰。可他哪里知道，他碰到的是一位销售高手，他想销售给我东西，我当然能感觉到，他破冰做得也很完美，但螳螂捕蝉，黄雀在后。

我看到他跟我讲的所有东西都是在掩饰他销售的行为,那我是不是可以学到更多?三两下他就被我给反销售了,是不是很好玩?所以学会破冰,对客户、对自己都有好处,我们建立了信任感,再谈产品就很容易。

你要切记:若想在一张桌子上吃吃饭、聊聊天,业务就谈成了,首先一定要学会破冰,来建立信任感。

前两天,电梯里有一位男士穿着一套西服,是那种紫红色的特别艳的西服,在所有人都穿着休闲服的情况下,他穿一件那样的颜色以及那样正式的衣服,很是显眼。

这时候,我完全可以用当下的形式来赞美他:"您穿的这个衣服好显眼,还很有特色。"如果你这样表扬他,他一定特别开心,特别有成就感和自豪感。

同样是在电梯外边,有一位先生拿了一袋子的水果,各种水果都有,还有花生。这时候我就会说:"先生,你是去上班吗?跟你成为同事真好,有这么多零食可以吃。"那他会怎么回答呢?

一般正常情况下不是他自己要吃的,但是如果我这么讲的话,他会跟我解释,他说"不是我自己要吃,是我们单位有活动,有××茶话会"之类的。"哇,那我可不可以去参加?我好想吃那个苹果。"你看是不是顺利实现破冰?有没有可能认识他?有没有可能问到他是几楼几门几零几做什么的?**你想要破冰,随时随地都可以发生,只要你想要。**

手机对大家来说很方便,方便大家转账和交流。其实手机还有一个更好用的功能,那就是方便销售高手收你的钱。

记得有一次我去廊坊拜访一个姐姐,想帮助她做一个星程创客。那个姐姐前几天在会场听过说明会,当时人比较多,我没能照顾过来,没有成交,然后这次我有事过去,我就特意让朋友约她出来。这个姐姐就不愿意出来,她说她不想参与这件事情了。

我就告诉那个朋友这样打电话说："乔老师好不容易来一次，也不是特意来找你的，她正好在你家楼下附近做按摩，人都到这里了，即使不做星程系统，你也应该出来见一下，也显得有礼貌，万一以后有合作呢？"于是那个姐姐就下来了，我们在她家楼下的花园见的面。

人出门一定会带一样东西，那就是手机。所以，碰到我这样的销售高手，5分钟之后就直接转钱喽。

★ **记住这一点：销售中破冰很重要**

如何才能实现3分钟收到现金的陌生成交呢？

前几天晴来北京学习，那也是一个我比较喜欢的课程，于是我们再次相遇。和晴一起来学习的还有一个企业的朱老板，中午我们仨一起开车出去吃饭，从会场到饭店大约有5分钟的车程。然后在路上这5分钟的时间内，我迅速地跟朱老板介绍了一下我是谁，因为他开车，他车上有一个ETC电子标签，我拿这个来破冰。

我问朱老板安装的ETC是哪家银行的？他说装的是华夏银行的，我就给他讲华夏银行安装的程序以及ETC的故事。

很快就到了饭店，入座后晴就向朱老板介绍我是华夏银行连续8年的全国销售总冠军、白金卡部的唯一白金卡销售主管的身份，以及华夏银行的ETC业务是由我全面推动起来的一些轶事，说我销售还是非常厉害的，如果每个公司的销售都像我这么厉害那就不得了了。

说到这里不知道你有没有发现一个关键，那些厉害的人都很低调，就像马云到哪里都穿布鞋，但是大家还是觉得他很厉害，**你自己说自己很厉害叫吹牛、做广告，别人说你厉害，你才真的厉害**。所以成功的人都很低调，他不需要高调，因为身边的人都说他厉害。为什么？这就是ABC法则，如果你把这个法则弄明白了，这辈子都受益无穷。

说到我销售比较厉害，朱老板顺便就说了一句："我这方面就比较弱。"

我说:"您看起来比较善良,也比较实在、诚恳。您销售看起来弱的原因是您好像缺少突破,而我最强的就是这一方面。"朱老板就说:"那以后可得跟乔老师好好学一下。"

我说:"您真想学吗?"他说:"真想学。"我说:"您是想学还是一定要学?"他说:"当然是一定要学呀。"我说:"那您是以后再学,还是现在立刻学?"他说:"必须现在、立刻、马上要学呀。"我说:"那我就教您了哟。"他说:"好啊,好啊。"我说:"学习,听别人讲占5%,听和看占25%。只有参与才能达到90%。那您要不要真正地在参与中学习?"他说:"当然可以。"

我说:"朱老板您把手机拿过来给我。"我没有给他任何解释,也没有给他任何思考的时间,他把手机的显示屏打开,我直接在他的手机上打开了微信,直接扫描加了我的微信,然后通过,所有的动作行云流水一样完成。

最后,我又在他的手机转账界面,直接微信转账给我1000元,在需要输密码的环节把手机交给他:"请输密码。"

晴在旁边除了有点茫然外没有太多的表情变化,因为晴是一个特别冷静的人。然后我就说:"朱老板输密码吧。"他看晴没有什么特别的表情,就又看了我一眼,我给了他一个更加坚定的眼神,同时给了他一个很肯定的笑容,似乎这两个动作完成,他就能得到想要的,于是他就输完了密码,完成了转账。

然后我问:"朱老板您学到怎么销售了吗?"他的表情有点发蒙。我说:"朱老板,这40多年来,有没有人在3分钟之内就把你的钱收走?"他说:"没有。"他解释说这次转账是由于信任我,并且晴也在等待结果。

我说:"朱老板,不论什么原因,最后的结果是不是您交钱啦?当然你放心,乔老师肯定不会乱收您的钱,您一定可以获得更多的收益。"然后我们三个人一边吃饭,一边讨论起不到3分钟的销售案例,我和晴就让朱老板分享刚才他交给我钱的这个环节以及思考过程。

他跟我们说,第一,我是晴介绍给他的,有信任感。第二,他知道我是银行的以及我的个人成绩,他觉得将来用得上我,所以他觉得花这个钱不亏。第三,在当时那种环境下,如果他不给就太尴尬了,他又不是没有钱。你看这钱收得是不是也太容易了?你发现没有,在这个过程中,我其实有在挖这个大哥的痛处,你人品很好,但是你有一个缺点,就是你不太会收钱,你的自信心不够,不敢于收朋友的钱是不是?他说是,他在生意中也不好意思对朋友强行要求。挖完痛处之后,我就给解药,我说我正好具备这种能力,所以才有了后面的销售成交动作。

销售永远是感性的情绪引导,而不是一些死板的话术和套路,当你扩大了客户的梦想,引发了他的欲望,感性就占领了主导地位,这时成交就是顺水推舟的临门一脚。

人性中都有一个共同点:每个人都想证明自己是对的,所以,在销售中,一旦客户购买了你的产品,他就会从逻辑上告诉自己这是一个正确的决定。只要你给对方的产品不是太差,前期的价值塑造到位,对方就不会有顾虑。因为当对方购买后,他的潜意识就会找各种理由来说服自己这个购买决定是对的。

想一下,我为什么要收的钱是1000元呢?因为1000元是我提前判断好的,以我对朱老板的了解,如果收他100～200元,他是没有感觉的;如果收个5000～10000元,朱老板也不会给,因为信任还没有建立到那种程度;只有收1000～2000元,朱老板才觉得他在参与,他才觉得有一点点痛的感觉,才觉得这样挺有意思,可以引起他心灵上的震动以及感触。

后来我问朱老板给我钱的原因,他说根本原因就是觉得他可以有用得上我的地方,比如可以跟我学一些东西。他说人的社交圈子决定人的未来,其实他这是在做潜意识的自我催眠。

他认为我的人脉他可以借鉴一下,而且1000～2000元对他来说正好是一个没有问题的界限。如果是5000～10000元,他可能不给我,他平时是一个不怎么会拒绝别人的人,他说骗子都不舍得骗他。他还说,跟美女打招呼,跟美女聊天,他不可能在这种情况下拒绝我,同时加上晴的介绍以及他下午对我一系列表现的信任感,所以他就转钱给我了。

我个人的心理分析是这样的:**从销售学上讲,朱老板想转钱给我,他的目的**

是为了学到更多的东西，所以他的贪婪心在作祟；第二个从人性上分析，就是他的这种好奇心，因为他人生中从来没有人3分钟就从他那儿收到钱，所以他想看看我接下来要干什么，是不是？

同时还有一种好胜心在里边，那就是即使要钱也才要1000元，哪能连1000元都不能转，对不对？这是朱老板的心理，那我是怎么想的呢？

首先在下午的环节中，我大概听他聊了两句，他跟别人聊天的时候，我听到一个**关键**就是他是一个爱学习、特别愿意成长的人。他说在培训行业一年的培训费用就花了二三十万元，所以我认为他一定是个准客户。然后我在和他交流的过程中，我直接做了收钱这个动作。

当时晴就问我："你不是第一次收钱了，那请问一下，你在收钱的过程中到底在想什么呢？"这个问题把我问住了，但我确实什么都没想。我说："我什么都没想，就是收钱了呀，我就相信他一定能给我钱。我觉得我可以帮到他，觉得他应该相信我，我觉得我可以通过这个动作来教他，我真的相信'相信'的力量。"

听起来好像很理论化，其实这正说明我**大脑中当时是没有任何限制的**，如果我在做这个动作的时候大脑在想：他有没有钱呢？他会不会拒绝我呀？是不是不太合适啊？晴是不是在旁边看着不太好呢？如果我在想这些问题，那我就不可能迅速完成我要完成的动作，这样就对我做出了严重的设限。**正是因为我不设限，所以我就顺利地得到了最后的结果。**

还有一个核心的细节问题，那就是：我没有给客户考虑收多少钱的环节，我都没有说话，只是直接做了个动作，并且替他把1000元转账界面调好。我减少了客户大脑思维的过程，我也减少了他的限制，让他也没有考虑的机会。

所以，3分钟收钱，其实关键是一定要建立信任感，两个人之间没有信任感，是不可能3分钟收钱的。建立信任感的条件就是**从内心站在客户的角度来破冰**。

在这个过程中，销售人员要做的就是大脑没有任何限制，一定能够迅速地完

成成交这个动作,同时要减少客户在这个过程中所有的限制。我帮朱老板做了一系列的动作,包括都不需要他说填多少钱、问我填多少钱,这些所谓的限制我都帮他清除了,这样就完成了这个动作。

我曾经也在会场门口收过别人的钱,那是一个信用卡销售学习的会场。因为我是银行里专门做信用卡的,所以学习销售信用卡的每个人都会对我感兴趣。所以,那里的客户都是我的准客户。留意一下你会发现:**发现准客户在哪儿真的很重要。**

在这里,老师已经替我做好了破冰,会场里的人随便谁知道我的身份,都很容易对我产生信任。

有个学员下课出来要去坐地铁,我刚好有一个机会带他去地铁,因为那个会场距离地铁口很远,不太方便,而我朋友正好有车,这样顺理成章他就坐进了我朋友的车。坐进我朋友的车里,我就有机会跟他介绍我是谁,就有机会跟他推销我自己、塑造我自己,塑造到一定阶段,他觉得认识我很难得。

他说以后有机会一定请我帮忙,我说帮忙没有问题,那要不要请我吃顿饭?要不要付顿饭钱?他说当然要,我说那手机转账吧,所以他就转了钱给我,是不是很容易?

前两天去另外一个会场,给别人客串了5分钟的主持人,顺便我也做了一个简单的自我介绍,当然不能太明显,因为不能影响到主办方。当我走下舞台的时候,有一个姐姐就过来找我:"乔老师,我想认识你一下,想加一下你的微信。"

我说:"认识我没有问题,加微信也没有问题,但一般人加我微信都会给我发红包哟。"于是这个姐姐说:"发红包没有问题。"我说:"你确定?"她说:"我确定。"我说:"我可真收了呀?"她说:"你收吧,你说多少钱?"我说:"2000元。"然后她就直接转账过来了。

还有一次,我从机场打车回家,然后我发现打车费比较多,大概花了200元,车里还有我一个姐们儿,她突然说了一句:"这个费用好高啊。"

一般出租司机不是我的准客户,但是在那种情况下,这个姐们儿说的这句话刺激了我，启动了我的销售开关，我说："比较贵吗？"她说："是。"我说："你稍等一下。"于是，我就跟司机聊天，我就挖司机的痛处，这么晚开车的痛苦、赚钱的辛苦，家庭经济、孩子养育等一系列问题。要不要解决这些问题？当然要！

解决这些问题，我有解药好不好？当然可以，这些本来别人要付出 2000 元或 2 万元的成本，这个司机只需要付出 200 元，好不好？所以我卖了他一张论坛的门票。记得在最后收钱的环节，司机用微信转给我 100 元，又给了我 100 元的现金，几乎是他身上所有的钱。

这时候我是不是应该看到司机师傅比较可怜，没有钱了不收他钱呢？不是这样的，正是因为他经济不好，我愿意让他变得更好，否则他会越来越不好，**这就是销售人员强大的内在动机、动力以及信念。**

如果销售人员不具备这份信念，就很容易被客户这种或那种的情况所左右，最后只能做个老好人，因为他们根本就不可能具备成交的核心动机，没有那份力量。

有很多人特别理解客户，能制造痛苦，也能给他解药，但就是没有这种驱动力，所以只能当老好人，完不成销售。

我在飞机上与客户成交的案例也是一样的。当时我在经济舱，客户在头等舱，我在去往经济舱的路上经过头等舱，我就用了一抹笑容吸引了客户的注意。

当时飞机是飞往上海的，因为我的误解，我说了一句："这个飞机难道不是飞往北京的？"他说："不是飞往北京的。"我表现出特别自然的惊讶，然后在这种破冰之下，就开始了我们的话题。

客户也示意我坐在他的头等舱旁边位置。当然，这时候机舱内的服务人员肯定不愿意，客户就说："一会儿飞机起飞，我帮她升舱。"

当然，最后我肯定没有让客户升舱，因为我觉得那样太浪费，我利用飞机起飞前 10 分钟，跟客户进行了良好的沟通和交流，同时借助一种环境，收了客户 200 元红包。这也是为过几天我们即将举行的论坛的门票做准备。

但我当时卖什么却不说什么，我没有直接告诉客户我要他买什么，3天后我给客户打电话，告诉他我要送他一张3000多元的论坛门票，就是因为他转给了我一个200元的红包。客户还特别兴奋，认为我非常有信任度，认为他得到了很大的优惠。这是一个非常有名的律师，我们以后会不会有大的合作？一定会！

所以，3分钟成交的客户都是好客户，都是跟你同频的客户，都是在你这个频率上大脑也不怎么受限的客户；同时也都是你把自我介绍做到了极致，客户想要认识你，想要在你身上得到好处，这就是人性贪婪的心理。

由于我的大脑没有任何限制，内在的驱动力足够强，运用的方法和技巧得当，破冰都恰到好处，完成了一个初步的销售，这就是3分钟成交的巨大魅力。

我曾经跟一个姐姐的好朋友们一起吃饭，当时有七八个人，也完成了3分钟销售，那几个朋友也是做信用卡金融这一块的，这都是在信用卡上花了几十万元的准客户。所以，你会发现**我成交的客户有一个前提，一定是有钱、有需求的准客户，所以判断自己的准客户很重要。**

那个姐姐在饭桌上第一次介绍我们认识，然后很客气地让我说两句，我说："我可不说话。"然后旁边的人就问为什么不说话，我说："如果我说话，别人就得掏钱。"

旁边有个年轻的老板就产生了好奇心，说："怎么可能，你试试？"我说："我不试。"然后继续吃饭。5分钟之后，我就开始不断地做自我推销和自我价值的塑造，我把自己的核心价值塑造为：把他们关心的在信用卡行业以及金融行业所了解的核心问题问到位，并且把他们最想学习的核心内容讲到位，那他们自然就愿意跟我认识。

这时候，我用的全都是反问句，是想不想的问题。大家都听出来了核心点，还有他们想要得到的价值。最后旁边有个人说了："不要再问了，也不要再回答了，你马上上套了。"

因为开始我就说了，只要我说话就有人掏钱，在这种环境下其实收钱收得更直白，没有遮遮掩掩，大家反而舒服。于是这个老板就讲："多少钱？我交。"

你看这种破冰，这种收钱，是不是很直接？所以有的时候，收钱真的很容易。

当然这个老板真的交钱了，于是，我又给他们讲25%定律：25%的人，只要你提议就有人交钱，说的就是这个人；另外25%的人，你给他好处，他也会交钱，那我就给到了旁边的人其他的好处，又有一对夫妻也交了钱；还有另外25%的人是给他好处，还要给到很好的服务。

到了比较年长的那个老板的旁边，我跟他好好地沟通和交流。年轻的老板看不下去了，说："那个××老板，你不交那个钱我替你交吧？"你看这就是3分钟成交的核心的问题。最后，**有25%的人，是怎么都不可能买单的人。**

发现没有，每一个成交的环节，我都在讲一个观点和概念，而这个观点和概念里边都套着成交他们的理由。这就是销售的巨大魅力所在。

当你跟别人分享所有你想让别人知道的内容的时候，实际上，你把成交他们的理由都说出来了，所以前提条件是，一定做好自我介绍和自我塑造，这样别人就想听你讲话，你讲的话是别人想听的内容，是别人想学习到的知识，是你塑造你自己核心的部分。

而这部分内容，实际上你就是在推销，你在成交客户，你把成交客户的理由全放在了这部分内容里，这就是销售的最高境界。成交客户在无形之中就完成了，他们的潜意识不断地自我催眠，最后，他们实际上是被自己成交的，因为他们想认识你，想听你讲的内容，而这些内容就是成交他们的内容。

名媛手记： 销售是一种艺术，不单纯是一种职业，不是去死记硬背话术，更不是一种单纯的技术手段。在做销售前，你心中要有一个流程，每一步应该做什么都要很清晰。

你要有一颗利他的心，还要有坚定的信念。

如果一开始你就青面獠牙地扑上去销售、介绍产品，不能站在客户的立场上去做破冰、建立信任，你就不能进入客户的世界，让客户愿意和你接触下去。

如果心中没有一个清晰的流程，你就不知道自己什么时候能够成交客户，错了都无法检验自己错在哪里，如果没有头脑不设限坚定帮助客户的信念。拖泥带水到成交时还考虑用什么技巧，客户就会明显感觉到你的目的性，离你而去。

我的行动计划

通过这一节的分享,你学到了什么?又准备做点什么来提升自己呢?趁现在还有印象赶快写下来吧!

第三节　从来不办信用卡的信用卡销售冠军

我能连续 8 年蝉联华夏银行全国销售总冠军，销售的是什么呢？是信用卡。要做到整个华夏银行销售第一，必须要能销售出大量的信用卡。

在每天有效的工作时间内，必须得每天平均一两分钟就要办出一张信用卡，一天就要完成一两百份资料，才有可能成为全国销售冠军。但是我在成为冠军的 8 年中，从来没有主动去给客户推销过信用卡，一张都没有。

我不是有什么天生的高智商，也不是有什么深厚的背景，更没有什么不为人知的话术，做到这一切只是因为我对**人性**的了解。

要知道，任何一种推销工作，都是从客户的拒绝开始的。有很多伙伴和朋友，刚开始认识我的时候，都认为销售信用卡很容易，因为觉得人人都需要办信用卡，其实不是这样的。你要知道，那些特别想要办信用卡的人，也就是社会上很多需要用钱的人，其实不是银行真正的目标客户。

银行真正的目标客户是大型国企机关、企事业单位的员工，因为他们的工作稳定，风险意识强。任何银行发卡之前首先要考虑的是风险，所有的伙伴在做投资的时候，也是以考虑风险为主，对不对？

所以，在我们这个领域，只要是我们想找的目标客户，都是以不办卡和拒绝作为我们的一个先决条件。我相信这也是所有推销工作的一个通性：**所有的推销工作，你的准客户都不可能特别喜欢你的产品，都是把拒绝作为开始的。**

销售人员存在的意义就在于，挖掘出客户的潜在需求，进而办成自己的业务，完成自己的任务。所以，我在接触客户的时候，我看到的情景也都是这样的，我说："你好，我是华夏银行的……"客户都没有等你把话说完，他的第一反应一定是"我不办卡"。

这两年，银行的工作跟原来也不一样了，我在 10 年前入职银行的时候，真的认为银行的工作特别体面。但是现在，只要你在客户面前讲你是银行的，一般人都会认为你是推销信用卡的，而推销信用卡就如同推销保险、推销房地产等一样，面对的是挖苦、讽刺和人们的不屑。

当我跟客户说我是银行的，听到的第一句话就是"我不办卡"。那我是怎么回复客户的呢？我用一种特别无知、惊讶、无奈的表情，反问客户："您说什么意思？我怎么不太明白？为什么要办卡呢？"

当我这样讲完之后，客户觉得有点蒙。他说："你是银行的，不就是来办信用卡的吗？"我马上就说："是银行的就一定是来办信用卡的吗？"客户就说："大部分人都是这样的。"我会说："哦，那我真的不清楚啊，原来银行到这里都是办信用卡的呀。"客户立马表示赞同！

客户接着就说："可不是？现在银行的销售员都是办信用卡的，每天不仅同一家银行的人来好几趟，而且还来好几家银行的人，搞得我们都特别烦，所以我们见到银行的人都不会再办卡。"

我表示理解，进而说："你们太不容易了，每天有那么多人问你们，烦都烦死了。"他们说："是的，真的特别烦。"接着我就问了："但是我有一个问题不太明白呀，那你们到底有没有办过信用卡呢？"客户说："当然办过了，我开始的时候办了好多卡呀，所以后来这些人再让我办，我就不愿意办了。"

于是我就问："开始的时候您办了好多卡，说明您还是挺喜欢办信用卡的，但是后来因为太多了，人们也不注意你们的工作场合，办卡的人也不够可爱，哼，还没有礼貌，所以您才决定不办的是吗？"

客户回复："是的，就是因为开始的时候我办得太多了，所以后来不想办了，但是还有很多人一直来推销，所以我特别烦银行的人。"

我又问："那请问一下，您开始的时候办了那么多卡，都办的是什么样的卡呀？是金卡还是白金卡呢？"客户说："我也不知道是什么卡，反正有一堆。"我说："您有这么多信用卡，享受到什么好处了吗？"

客户说："没什么特别的好处，反正就是结算的时候比较方便。"我再次表示认同。我又说："我能不能欣赏一下您手里的信用卡呀？我真的没怎么见过信用卡那么多的人。"客户就会拿出他手里的信用卡让我看一下，然后我在看他信用卡的过程中就会表扬他："哇，您好棒啊，有这么多的卡，您这张卡有什么功能，那张卡有什么功能，您都知道吗？"

客户大部分情况下都说不上来，这时候我就会跟他讲，您这张卡是金卡，那张卡是白金卡，这张卡有什么功能和服务，这家银行有什么特惠活动，您这张卡您适合加油，这张卡适合洗车，这张卡这段时间去超市有多倍积分等，一系列的功能和服务我全都讲给他，让他享受到拥有这些卡所有的好处和待遇。

为什么我能说出来这些呢？那是为了做好自己的工作，我曾经在下班后打通过所有银行的客服电话。我不但知道华夏银行信用卡的所有产品、所有功能以及服务，还了解其他银行信用卡的所有功能以及服务和优惠政策。所以，见到客户的信用卡，我立即就能说出所有的好处。

要想成为一个顶尖的销售高手，一定要了解人性，客户不是单纯喜欢产品，客户喜欢的是产品能够解决他生活中的困惑，实现他人生中的什么梦想（哪怕是很小的一点），给他带来什么实在的好处。你必须要成为行业的专家，能够把好处通过你的说话方式让客户知道。如果你做不到这一点，就很难成为一个销售高手。

这时候客户就会问我："哇，你这么专业，我有这么多卡，到底应该用哪一张卡？哪一张卡的好处和优势最大呢？"

在客户跟我沟通和交流的过程中，我会慢慢地来引导客户，进而就能挖出**客户的痛点在哪里，他的困惑在哪里**。了解他在用卡的过程中，因为卡太多给他造成的麻烦，他需要的一些服务和他目前拥有的银行卡上并未体现的一些好处。

这时候我就顺势问一句："您觉得哪家银行的卡的服务最好呢？"于是我们的关系就在我帮他解决他现在遇到的困惑下进展，像朋友一样，客户对我已经有了一定的信任。

这样话题一转，我自然就能给他介绍华夏银行信用卡的所有功能、服务以及弥补他曾经用卡的一些缺失，进而给他用卡带来一些新的便利。这时我会多说一句："时代在发展，社会在变化，您用卡也要多选择银行，让银行之间互相竞争，这可以让您得到最大的利益，才是您最根本的追求所在。"

当我讲完这些，客户就很容易办一张华夏银行的信用卡，那我对这个人的销售基本完成。这时候有人就认为，是不是应该恭喜我呢？其实不是。

这才刚刚开始，我完成销售这一张信用卡根本就不是我的目的。我的目的是通过搞定他，进而去搞定他背后的人脉和资源，这才是我销售真正的开始。如果靠一个人一个人这样销售，累死我也成不了全国第一。

要想成为全国第一，必须在每天有限的工作时间里，每一天平均一两分钟就办出一张信用卡。那么我到底是怎么做到一天就完成一两百张信用卡销售的呢？

要想获得大量的客户，提高销售信用卡的成功率，那么我一定要在办理信用卡的过程中给客户制造各种条件，让客户主动问我是干什么的。和在谈判中一样，**谁先开口谁就输**。

即使你是做销售的，你也不能主动说你是做销售的，要让客户主动问你，你是干什么的？这样你的推销就变成了理所应当。

尤其是机关、事业单位，管理严格，如果被发现是在推销就会被送出来，因为那里有相关管理办法。

所以，这种场合我必须得在办公室见到人才能推销信用卡。我一定要想尽各种办法进办公室，比如说他们在办理信用卡的时候需要拿证件、拿材料等，我要缓解他们的压力，我说我顺便拿完就走了，在客户没有压力的情况下事情就会变得对我很有利。

我会说我还有事，等你下来太慢，尤其是这时候我会强调他复印的证件资料很容易不合格，而我们办卡要用的复印材料要求很严，你上去单独复印完了再拿下来，万一不合格你还得再跑一趟，浪费彼此的时间，还不如跟着你去复印，这样客户就觉得是这样，就让我跟他一起去，这时我的机会就来了。

只要我跟他一起上去，在复印的过程中我就有机会见到其他人，就有跟其他人推销的机会。

在这个过程中，我就当作是跟他在讲信用卡的好处，顺便也要制造氛围让他的同事听到，这样一来，我就自然而然地推销给他整个办公室的人。他办公室的其他人也感兴趣的时候，他就不好意思催我走了。

如果有好几个人都感兴趣的时候，他突然会觉得自己很有成就感和价值感，觉得自己的判断很正确，大家原来都喜欢这张卡，只有他优先办理了，他觉得认识我很自豪。

这个时候，他还愿意把我介绍给他的同事，还把我当成他的"专利品"，把我当成"福利"一样推荐给他的同事。办卡的同事越多，我的业绩就更好了，这就是我想要的结果。

这个时候我就赞扬他，我说："如果不是因为您，大家不可能拿到这样的高端信用卡。"这个人也来了精神头，会有特别大的满足感，他甚至会跟他的同事和伙伴分享是如何遇到我的，如何知道这张卡的，让大家有一种中彩票的感觉。这样人们还不喜欢办吗？

这时候，有的人会去拍领导的马屁，就会去问领导要不要跟大家一起办，但是有的时候有些领导一听说你在办这事，会立马一顿呵斥，让所有人都停办。所以，**排雷很重要**。

这时候，我就弱弱地问一下，问某个同事："哎，您觉得您领导要不要办？"于是他就会说"我去问问"，或者他会说"别问我们领导，我们领导可反感这事"，这时，客户就能告诉我这个领导是不是雷区。

当客户告诉你这种情况，你就知道平时对于这种群众性的小优惠的活动，这个领导会不会感兴趣，然后你就可以轻而易举地绕开领导，绝对不能让自己进入一个危险的境地，因为你对周围的环境以及领导的性格还不了解。

如果大家没有人主动说去问领导，我就会弱弱地说一句："要不要问问你们领导办不办，机会难得啊！"因为领导有的时候起的作用非常关键，这个人如果用好了，他能给我介绍更多的业务。

所以说，我有的时候在最后走的时候还是要冒一下风险的，当然一般情况下都能全身而退。

当在办公室办卡的时候，大家有很多材料需要填写，我一个人忙不过来，这时候就要学会借力。

我就会借接待我的那个人的力，因为对他最熟悉，尤其是借领导本人的力。如果要办卡的人是领导的话，我就会对其中某个员工说："李哥，你帮处长去复印一下，你印的东西特别好，过卡率特别高。"这么讲完之后，他觉得很开心，然后他也帮你干活了。

你一定要学会借力，借力能让你轻松完成销售任务，赚更多的钱。在把气氛带动起来后办公室的人都要办卡的时候，我因为讲了很多话，嗓子难受不想讲话的时候，但好多人还想了解这张卡，这时候我就特别会借力。

我就会和比较积极的大哥讲："哥哥，你给你们处长介绍一下这张卡呗，因为刚才我跟你聊了一下，我不知道你对我们的卡有没有彻底了解，有些服务你有没有彻底弄懂，你再复述一遍，可能有助于你更好地去复习一遍，让你更好地去了解一下。"客户也不傻，他就会说："你这姑娘可真够聪明，让我替你说一遍。"我说："不是呀，我说的是事实，你越重复对你的理解吸收也越有好处。"

客户觉得也是事实，又觉得我即使说的是歪理邪说还挺让人开心的，所以更愿意帮我介绍。他介绍的时候还带着他的感情色彩，因为他已经办了这张卡，他就认可这张卡，就会把他认可的部分不自觉地讲出来。所以他介绍出来的产品，更有价值，更有影响力，更符合他周围的环境以及周围的人所关心的部分和内容，因为他肯定比我更了解他的同事，这样就更容易搞定别人，能量场就更强！

而客户呢，我又**给了他更多的参与感，客户自身成就感也很强**。

在办卡的过程中，我发现很多客户自己发现了信用卡的某一个特点，他就特别喜欢这一个特点，这时候我也特别会借力，我就利用这个单位某几个人特别喜欢的点，以及他们因为这张卡的这几个点收到的好处来做价值塑造。

客户永远关注的是产品给他的生活带来的实际好处，可以让他实现自己的哪些梦想。我会把这个实际的好处讲给他周围的人听，他周围的人还证实了这项功能，并需要这项功能。对于某些即使不需要的人，因为有他周围同事的这些能量场在，他们突然觉得这个功能也特别有必要留下来。有这种能量场，给集体办卡的时候就非常好办。

借助客户告诉我的一两个他们自己认为好的功能而开发一大片市场，这是我经常用的招数，叫"一招鲜"。

尤其是在某公司，我就利用了其中2～3个年长的处长，他们特别喜欢北京三甲医院专家预约挂号的功能，于是我就把这张卡塑造成了专家挂号预约卡，然后用这种功能来搞定这个公司。

我还会讲故事，说有个人拿着那张信用卡，用这个功能之前是什么样子，用这个功能之后是什么样子，有了什么样的感受、什么样的结果。我说给别人听的时候效果特别好。

在关键的时候，我还会找一个公众人物的使用经历来讲，**讲公众人物的故事，特别有效，特别容易借力。**但是这个人必须是他们特别钦佩的领导，而且他们也不会去找这个领导去问。

我经常在一个单位，找到华夏信用卡适合这个单位的某个特点，把这个特点讲给单位的所有人听。然后大家都把这个故事印在脑子中，感同身受，最后就完成了华夏银行的全国销售第一。

需要注意的是对时机的判断非常重要。有的时候如果我们介绍某个产品，在场的某个领导不感兴趣，觉得不需要，各种不满的情绪表现出来，你一定要迅速离开，因为没有人喜欢自己不喜欢的人在自个儿眼皮底下晃，即使还有人想办卡我也一定要赶快出去，迅速离开这个场合。

否则你不但办不了卡，他还可能把保卫人员请过来。你在推销，开始他不知道你在干吗，也不理你，但是一旦外边的人知道你影响员工上班，就会把你请出去，你也就失去了进一步销售的机会。在这种情况下，要等领导不在的时候再来办，在办卡的过程中，**不要恋战，一定要知难而退**，这绝对是战术。

你究竟要不要向领导推销？那一定是有经验可循的。有的时候我特别会借领导的力，尤其是领导要求比别人得到的东西多的时候。比如说，我们银行的卡有免费机场停车和免费接送的功能，但是这个功能有次数限制，然后领导就会讲这可用次数太少了，没啥用。我会问："想不想多加一次？等下我给您想个办法，你们员工不可以，只有您可以。"

他突然觉得自己很受重视，就问："怎么样才可以？"我问他："您爱人是哪个单位的？"他就跟我讲是哪个单位的。我说："我们的卡只定向发给你们单位，但对您来说，我可以给您爱人发一张卡，然后两张卡功能就多了。"他突然觉得自己好有成就感。

通常在这种情况下，夫妻之间转介绍的客户忠诚度极高，这也迅速地为我铺开了进入下一个单位的机会，为下次销售奠定了基础。

我办卡的时候都是团办。我做团办时有一个特点，就是见到另外一个单位的领导，我想让他给介绍团办，就请他尽量安排在食堂做团办，因为食堂来来往往的人特别多。但我时常不处理具体的业务，我只让他们写下具体的姓名、手机号和房间号，这样客户的压力会很小。

我手里有了客户的数据，知道每一个人的信息，然后再楼上楼下扫楼，这样就可以为我批量成交奠定巨大的基础。因为我的能力就在于只要给我结识一个人的机会，我就能把整个办公室拿下，甚至可以把整个单位全部拿下，而且我进楼的时候因为有人要找，通过前台和门卫时也很顺利。

甚至在去找客户的时候，如果碰到了一些不认识我的人，我就会说："这么好的活动你不知道啊？大家都办了，你没有碰到，太可惜了，但你碰到了我，你太幸运了，因为只有我能办，但我马上要走了，活动马上就结束了。"这样这个人就会很感兴趣，很容易变成我的潜在客户。

名媛手记：我之所以能够持续创造大量的团办客户，保持长达 8 年的销售冠军，让客户喜欢我并给我转介绍客户，是因为我能够**从客户的角度思考问题**，比如把我行信用卡的北京三甲医院预约挂号功能展现给客户，把信用卡加油、购物等能给客户省钱的好处说给客户，把机场免费停车、多次免费接送机的好处给到客户。

客户永远不会关注产品本身，如果我总是从自己的角度出发，让客户办信用卡，帮我冲业绩，我只会被客户扫地出门。客户不会关注产品本身，客户想要知道的是你是不是为他着想，你的产品能解决他的什么困惑，实现他的什么梦想，能给他的生活带来什么实际的好处。

如果你也能做到这一点，那么你的销售工作会很轻松愉快，客户也会更信任你。

我的行动计划

通过这一节的分享,你学到了什么?又准备做点什么来提升自己呢?趁现在还有印象赶快写下来吧!

第四节　每天打客户接不到的电话竟然让我业绩倍增

在销售过程中，我们每天都需要和客户打电话进行沟通。**每一个客户都有自己的工作和生活，也有自己的困惑、理想、情感等，通过电话沟通我们能更多地了解这一切**，让我们的产品和服务帮助客户的生活变得更加丰富。

在客户没有机会使用我们的产品和服务前，我们怎样进行电话沟通才能让客户没有压力，轻松愉快地成交，这是每个销售人员都应该关心和解决的问题。

怎样打电话能提高客户的成交积极性？在成为华夏银行全国销售总冠军的8年里，我的秘诀就是每天打客户接不到的电话，竟然让我实现了业绩倍增。

大部分销售人员平时陌拜客户的目的，就是为了拿到客户的联系方式，然后约见客户，谈单，最后成交、签合同。而我的方式完全不一样，我一般会去开发一些特殊的单位，一些没有熟人的单位，会选择在这个单位的楼下发资料、发宣传单，当然我一般选择的是那种有信任度的单位。

这里我给大家举个例子：我是如何开发×单位的。×单位位于华夏银行的马路对面，属于邻居单位。调到华夏银行北京分行之后，我就想：这么好的单位就在我单位对面，要不要去开发一下业务呢？

一般的业务人员都会认为：银行已经在这里这么长时间了，紧挨着的×单位在这里也这么长时间了，肯定有很多相关的人员去开发过业务。

而我是一个**大脑不设限**的人，别人开发了又不影响我去开发，即使有别人去开发过，我仍然可以去呀。

万一遇到一些特殊的人，还可以给我转介绍别的单位，如果他们信用卡用得好，是不是转介绍量会很大？

一切皆有可能，而且如果当时他们开发得不彻底，那么我去二次开发可能效果会更好，信任度更有保障。

即使他们对华夏银行的服务感觉不好,我也可以取得一手信息,以便完善后续的业务和服务。

所以在什么人都不认识的情况下,有一天傍晚下班后,我就拿着我的工牌来到了这个单位的楼下,跟所有下楼回家走在路上的人一边讲一边比划。我说自己是旁边华夏银行的,并拿出工牌给他们看,他们基本上对我就有了信任度。

当时我们银行正在推广高速不停车电子收费系统——ETC业务,我就和他们沟通这个话题。

我告诉他们:"你们单位每个人都可以去我们银行免费领取ETC电子标签,银行负责给免费安装好。请问一下,你们有没有领到免费的ETC电子标签?"你看我在做销售的过程中并没有说信用卡,我说的是对客户的好处对不对?

前端你开口就要赢,开口就讲别人能得到的好处:银行免费发ETC电子标签,是不是他们可以得到的好处?负责免费上门安装设备是不是他们可以得到的好处?当时ETC电子标签都要花钱买,而且自己要去指定的地方安装。这样自然就有人感兴趣:"那很好呀,我要怎么才能办理?明天去一趟你们银行吧。"

我就说:"您去银行拿材料办理,没人认识您,您应该把您的电话留给我,登记一下您的姓名、电话做个备注,这样才能给您VIP服务,要不然银行都没有人认识您,您去那里之后可能被当成普通客户,就享受不到专门属于您单位才有的特殊服务。"

在销售学上有一种说法,**就是任何时候你能给到客户专属、独有、只为你专属的感觉,客户是非常兴奋和激动的**。消费者感觉这是为他量身定制的活动和服务,就特别愿意接受,这是因为人的天性:"**人类本质里最深远的驱策力,就是希望自己具有重要性。**"

大多数客户会说:"这个活动还真是挺好的,那你就留个电话吧。"不知道你发现没有,一般情况下客户都会让销售人员留电话,会跟销售人员说:"你给我个名片吧,我需要的时候给你打电话。"因为他不愿意暴露自己的信息,觉得需要的时候他可以给你打电话。

这样就会让你的销售工作处于很被动的地位，你接下来的工作根本无法开展。

第一，你压根就找不到他的联系方式，无法拥有自己的客户数据，也无法制订拜访计划。

第二，你不知道客户哪天会打电话找你，客户的事无小事，打来电话就要及时给客户提供服务，这样你的工作计划就会经常被打乱，工作效率自然会很低。

客户愿意留电话给我，是因为我站在客户的立场上，给他塑造了一种稀缺和特殊的感觉。

你一定要站在客户的立场为客户考虑，你的介绍让他觉得简单方便、可以解决他的问题，处处为他着想，他就愿意告诉你想要的东西。

这个时候我会说："您要是留手机号不太方便、担心受到打扰，您就留个办公室电话就好了。为什么呢？因为您办公室电话一查就能查到，大家也经常打电话，这个暴露不了您的隐私。"

我这么说客户就觉得我很为他着想，觉得特别开心。这时我在他心中已经有了很好的印象，于是他就把他的姓名、办公室的电话留给了我，这时候我会顺便问一句："您在单位大概是什么级别？"

他当时一愣，问我为什么问他是什么级别？

我说："您别着急，因为您如果级别高一点儿呢，我们提供的信用卡级别也高一点儿；如果您是刚来的也没关系，我们对于刚来的人也有一些好的政策。"

这么做有两个好处：

第一，这样你掌握的客户数据越多，你的客户画像越精准。

第二，方便你根据客户数据画像建立客户分级档案，细分管理。**做好客户细分管理，你的销售工作就已经成功了一大半。**

接下来我会问:"您大概什么时间方便接电话?一般什么时候在单位?我平时一般不会给您打电话,如果我下次顺便去你们单位办理一些别的业务的时候,我知道您方便的时间就给您打一下电话,这样避免打扰您。"

这种情况下首先我要到了客户的电话,然后我还告诉客户在他方便的时间打电话,不会打扰他,也不会特意去找他,这样客户心里一点儿压力也没有。

所以客户就会跟我说大概是哪个时间段有空,什么时候不在,什么时候在。我说:"我顺便办事的时候,如果正好您在那个时间有空我会去个电话,如果您在的话我就去了呀。"客户会觉得你好贴心。

我肯定不是顺便去办事,是不是?

做销售工作的都知道,哪里有那么多顺便?但是为了让客户没有压力,让他觉得轻松,我们一般都会这样讲,其实根本就不是顺便,肯定是特意去的。

那我会不会特意在客户在的情况下打电话?

你肯定想:当然要在客户在的情况下打电话了。90%的人都会这么想。

我可不是!我已经确认他哪天不在,那我就在他不在的时候打电话,为什么要这样做呢?

我做业务时间长,有很多经验,知道客户是什么级别,那知道哪个时间段我打电话的时候他不在,一定是他的秘书、助理、同事在,那我打电话过去会发生什么事情呢?

我打电话过去一般会说:"您好,我想找一下×处长。"他的秘书或者同事会告诉我:"不好意思啊,他出差了,不在。""噢,"我说,"他怎么出差了呢?他是临时的还是提前定好的呢?"

对方会说:"他提前就定好了呀!""噢,那提前定好了就是被他忘记了。"我说我是对面华夏银行的,对方就觉得:第一,我找×处长,就说明我真的是约好的。

第二，我是对面华夏银行的，觉得也是邻居，还挺有亲切感的。

然后我就讲：你们×处长在我们银行办了一个什么样的业务，银行送他一件什么样的礼物，在规定的时间内他必须拿到并且给他登记好，否则就过期了！

一般的人都会认为银行做一些业务有时效性，这是肯定可以理解的。

我就讲这个业务全是对那个处长的好处，接着我说："人呢都可能有临时忘记的情况，你说你们领导多辛苦，为了自己的工作，可能连自己的事情都不记得了，连银行给他的VIP礼物都不记得了。"

我这种讲法接电话的人才明白是怎么回事。我会接着说："能否请他的同事或秘书帮个忙，帮处长签收一下礼物，等他回来转交给他？"

这时候接电话的如果是个普通员工或者是他的同事的话，基本都会说："这都是小事，没有问题。"我会说："一会儿我去您单位，我亲自拿ETC电子标签过去。"

我说："您知道走高速的ETC吗？我们银行现在免费安装，还送礼物。"他说："我知道呀。"我说："您的车装了吗？"

销售一定是用问的，我开口就问他，一句话就基本上探出客户的具体情况了，**不要在电话里直接销售，那样你就没机会了。**

开口就说"那我也给你装一个ETC吧"，这样说成交的概率为零，显得自己不真诚、太假了。你只要知道客户有没有装就好了，你去找他，他自然就会接待你。

这样做是为什么呢？因为没人接你的话你很难进入那个单位，前台要登记，刷工牌过闸机，登记身份证、押身份证，可麻烦了，如果有人接很方便就进去了。

进去后我会说："ETC标签必须放×处长办公室，我们银行规定要拍照确认。刚才在电话里边您就是那个接待我的人是不是？特别感谢您能帮这个忙啊！"

我拿了什么过去呢？我们银行有一些废弃的ETC标签，我对接待的人说："把这个给处长就行了。"我为什么这么做呢？

假设这个接待我的人是一个没有装ETC的客户,在介绍安装流程的过程中,我会很随意地说:"您车上有没有装啊?装上走高速特别方便,而且针对你们单位的优惠活动马上就结束了。"

他说:"我不知道呀。"我说:"那这样好了,我向银行特殊申请一下,你们处长人特别好,你们又都在一个办公室,就给您也办张VIP好了。因为你们处长的车也要安装,你们就一起好了,我派工作人员马上过来给你们装。"他觉得这个很方便。

然后我说×处长参加的优惠活动快过期了也没关系,我了解具体情况让顾客把理由写清楚,我也亲自来了,银行很重视我们亲访亲核(就是亲自到客户单位见到客户的真实情况),我标注一下然后统一给你们过来装、统一送ETC标签。接待的这个人特别开心,为什么呢?

因为当这个人接待我的时候,我实际上已经来到了他们办公室,那我在介绍×处长所有业务的过程中,我哪里是跟接待的人在讲,有句话叫"说者无意,听者有心",我实际上是跟整个办公室的人介绍了这项业务,而我借那个处长的名义进入了这个单位。看似我在跟接待我的这个人讲这事,而实际上我让整个办公室的人都听到,那么会发生什么情况?

基本上有10个人的办公室一定会有三五个人来办,因为我要说团办,立马就形成一种氛围,在这三五个人团办的过程中,我会很迅速地从ETC引到专批白金信用卡以及信用卡机场免费停车、免费接送等所有他们都没有听过的好处。

这样他们自然就觉得不但ETC好,信用卡也特别好,觉得这是专门为他们单位准备的特殊福利和政策,机会难得,所以每个人特别愿意办理业务。

一般情况下,普通的销售人员都会讲信用卡有多好多好,你来办吧,那种杀伤力不强。而我用这种方式,客户自然而然地就把所有的业务都办了。他们不但办了,气氛特别好的情况下,他们还会再叫几个人来办,为什么呢?

集体上门安装,还有这么多优惠,赶不上这个机会多可惜啊,于是他们就会把他们认为关系比较不错的人叫下来,说银行专门针对他们单位给了特殊的ETC

上门安装服务以及白金信用卡匹配方便高速扣款。如果他的朋友说："哎呀，还得用信用卡，花了还得再还。"那他就会讲："你想那么多干吗？"客户为什么会这么讲呢？

因为我都已经给客户转介绍想好了方法（**你要客户转介绍，一定要让客户觉得方便**），我告诉客户转介绍的时候，如果你的朋友说办信用卡麻烦，你就说当储蓄卡就好了，你走高速要不要存钱？就先存上呗，万一特殊情况下需要透支的时候再透支是不是就有了备胎？

他认为我说得对，然后我就让他把这种方法教给他介绍的人，他介绍的人听了觉得也对，很有道理。在日常销售中，**让别人转介绍时一定要告诉对方方法，而且这个方法要非常简单，让对方觉得复制一下就可以，这样对方就愿意帮你转介绍。**在这样的情况下，一个下午或一个上午我去的时候就能办很多的信用卡。

在这个案例中，我给客户打电话，客户根本就没有接到，我却办了一沓信用卡，我在第二天、第三天还会去那里开发办卡（因为出入已经很方便了）。

这时候×处长可能回来了，我就解释一下："×处长，我那天去找您，因为那天着急，我也没有您手机号，打的您办公室电话，我就顺便想让您办公室的人接待处理一下这件事，然后就顺便跟大家讲了一下，大家都很喜欢这项业务，他们都特别感激您。因为您的级别及您单位的情况，我就跟银行做了特批，所以除了您办公室的每个人都给了VIP服务，也额外给了您一些特殊的活动和服务。"

这时候我会再单独给×处长额外送一件有银行LOGO的礼物，因为没有他就没有银行这项业务在他单位的开展，这样感谢他，他也会愿意接收。

这样做完之后甚至还会给我带来意想不到的结果，什么结果呢？

当他所有的同事都办理完业务之后，那他是不是会觉得大家都认可这件事呢？而且我也给了他意想不到的结果。

第一，我是不是给他额外单独的一件礼物？这是他从来都没有想过的。

第二，他自己单独需要办这项业务的时候，需要到马路对面的华夏银行取号排队，而现在团办可以上门服务、上门安装，给他方便。

第三，他觉得大家都对这项业务这么感兴趣，办公室的人通过他得到了VIP的待遇，他特别有面子，有成就感！

然后我就会顺水推舟地说："领导，您太有智慧了！虽然华夏银行就在马路对面，ETC业务又这么好，但当时很多人不相信我，其实有很多像您这样的领导直接走掉了。您看您好人好心一定有好报，您愿意接受、相信我们银行，您还帮办公室的人都享受到了VIP待遇，一看您平时就特别爱帮助别人。"

这时候你抬高他，不断地给他潜意识灌输信号，不断地给他贴标签，他肯定特别开心！

我告诉他办公室的同事也都特别感谢他，都说您太好了，把这项业务带给他们，要不然他们都不知道还有这样的好事，这样说就更增强了他的潜意识。

这时候我就讲："既然这样，您何不把好事做到底呢？您能不能给我联系一下你们工会主席，让大家都享受一下这个好处啊？"这时候有个重点，就是他能不能负责整个单位集体的发放和团办工作。

我当时去的×单位，×处长他不负责这一块，对此，我是很明确的。除非你碰到的是正好管这件事情的业务部门，但是这样的情况很少。如果不是的话，你就要讲："领导，能不能跟您商量一下，带我去见一下你们工会主席？"

你当时把他恭维到那个层次和档次，一般情况下他都会同意。

一般情况下我都是和财务总监、办公室主任这两个部门主管谈，财务跟银行对接很正常，办公室是专门负责单位的行政业务，因为办ETC整个单位集体组织属于行政，工会是专门发放福利的。

但是有些单位特别是机关单位，发放信用卡就是办公室、财务都可以负责，然而跟工会谈就要以单位发放福利为主，因为信用卡太明显，绝对不能直接跟工会说，可以从华夏银行免费发放ETC电子标签入手。因此，我就会说："为方便大家，工会组织联系免费安装ETC，走高速大家可以配张卡。"

那时候安装 ETC，华夏银行在信用卡和储蓄卡两个业务里选储蓄卡也可以，这样的话没有给客户任何的压力，每个人都愿意办。虽然宣传上这么写，但是我在跟客户宣导的时候肯定会宣传信用卡，主要是信用卡还有送礼物、享受机场贵宾厅的好处。

客户用信用卡唯一的担心是每年刷卡几次才可以免年费，如果忘记刷就得扣钱，这是他们最大的担心和忧虑。

我一般会讲："您走高速一年能不能走 5 次？"他们都说："能走啊。"我说："您走高速出去一次回来一次就是两次。"

在这个过程中，我轻易地就把他们的抗拒点给解决掉了。这样他们都觉得其实也没什么，为什么不再享受一下别的优惠呢？因为刷卡几次我已经给他解决了，走高速他又觉得特别方便。

你一定要让客户觉得方便，因为他一旦觉得复杂了就不愿意办了，不论是客户花钱买我们的产品，还是我们推销给他任何东西，或者我们要求转介绍的过程中，这都是一个核心的规律。

通常情况下客户就会把我介绍给工会主席，我跟工会主席谈过以后，工会主席就会发集体邮件，以整个单位的名义通知大家华夏银行做免费安装 ETC 的业务，大家统一到哪个办公室办理。

工会发完邮件我就基本上实现了整个单位的团办，到这里就结束了吗？当然还没有！

在这个过程中，我有机会继续做一件什么样的事情呢？当形成团办之后，我就会规定在某个时间、某个地点、某个办公室来办卡。

有的人看到邮件比较感兴趣，他们就会过去，那我只能在那里"守株待兔"；还有一部分人不会过来，因为在公开的通知上只能看到 ETC 的好处，没车的人对 ETC 不感兴趣肯定都不去，我办信用卡的目标是整幢大楼，所以我绝不可能放弃整片市场。

个别感兴趣的人、有车的人来了，我一定会在那里安静地等待大家。所有的程序全部办好，然后在办理业务的时候只要是过来咨询的人，基本上都是感兴趣的人，这种人我百分之百拿下没问题。因为有些人就有好奇的心理，他不办，就是过去看看，靠我的销售能力那就绝对走不了，这是百分之百能做到的。

感兴趣的人把业务办了，在这个过程中我会注重一个特别的细节，每个人在办业务的时候，我一定会写下他所在的部门办公室以及他所处的级别，在填信用卡申请表的时候，我会把每个人的信息登记得特别详细，客户可以看出来我对他特别重视，我也有了第一手完整的材料和数据。

到这里团办活动是不是就结束了？感兴趣的人、不感兴趣的人，只要去的人都办了，是不是已经很厉害了？其实这才刚刚开始，我更大的业务还没有开始，那才是我下一步要做的事情，你能猜到我下一步要做什么吗？

快速翻页进入下一节，告诉你是怎么做到的。

名媛手记：现在很多从事销售工作的人告诉我业务越来越难做了，你有没有想过其实业绩不好不是自己不争气，可能是自己的思路有问题。

分享另外一个打座机电话的秘诀：很多单位的电话前6位数字都是一样的，只是尾数不同，用座机电话可以推测别的办公室电话。打第一个电话你可以说找物业部，首先知道哪个号码是雷区，然后根据尾数推测打别的部门电话开展业务，这个方法我用过很多次，也非常好用。

我的行动计划

通过这一节的分享，你学到了什么？又准备做点什么来提升自己呢？趁现在还有印象赶快写下来吧！

第五节 最好的客户都在竞争对手那里

我能一直取得好的业绩，持续成为销售冠军，一路走来并不是我天赋异禀、聪明过人，也不是因为我刻意地比别人努力多少倍，更没有什么高人指点和不为人知的秘密。那么，到底是什么原因成就了我今天的一切呢？

如果在做销售工作的过程中感觉竞争特别激烈，客户总是用各种借口来拒绝你、打击你，竞争对手经常会用更好的服务、更低的价格来瓜分你的市场，这会不会让你特别头疼？

你有没有想过这一切可能都是你自己造成的？有没有一个简单轻松的方法，让你避开竞争激烈的红海市场，直接进入利润高、竞争少的蓝海市场呢？有没有可能把竞争对手变成自己的客户，甚至是大客户呢？

今天我分享一个简单的方法，让你直接进入蓝海市场，让你的竞争对手也乐意成为你的客户。这个方法一定可以让你茅塞顿开，你会发现原来销售可以如此简单。

当年我在经过"痛不欲生"的职业变故，回到北京信用卡营销中心（具体细节会在其他章节分享）时，华夏银行刚推出收费的白金卡，这时我对业务市场已经有点生疏了，我就请我原来团队的下属李刚给点建设性意见。

我说："我刚回到这边，对市场有点生疏了。李刚，请你给我建议一下哪个单位比较不错？"李刚就说："领导，您还需要我的建议吗？您的思想活跃，您肯定有办法！您一直教我们最好的客户在竞争对手那里，那您也去竞争对手那里找呀！"

我说："那你觉得哪个竞争对手好呢？"李刚说："领导，其他的我不能帮到您，但我知道有一家银行有个后门，我能从后面把您带进去，因为在您上次走的时候我才发现这个单位，但是我后来做了主管，就没有再去过这个单位，我愿意帮您。"

好事这就来了对不对？第二天，我就去了××银行总行，在西单那里有前门和后门，分为南楼和北楼。

我就从这家银行的后门进入办公楼，因为那个后门只有一般内部人才知道，下班时员工从后门走，所以这时候管得特别松。我进去之后正好赶上午饭的时间，大家都去吃饭了，我在一个办公室的拐角处发现了一位先生。

我就跟他聊了两句："你好，我是华夏银行的。""你是华夏银行的呀！"那位先生就和我聊上了。我说："怎么了？"那位先生就说："我老婆也是华夏银行的。"

销售高手一定开口就会用问话对不对？我接下来就问他："请问一下你老婆是哪个部门的呢？"

他说："我老婆是北京分行的。"那时候我刚从北京分行调回来，对那边比较熟悉，我就问他爱人在北京分行的二层还是三层？他说三层。"噢。"我说，"我是二层的。"

一开始就聊客户熟悉的、和客户相关的，是不是一下就感觉很亲近，容易被认可？这时候我说："哎，你老婆是我们华夏银行的，那我请问一下你老婆有没有给你办华夏银行的信用卡？"

一般的销售人员都会自我设限，认为既然你老公/老婆都是那家银行的，肯定办了那家的银行卡，也不用再问了。很多做销售的人是不是这样认为的？

客户他老婆即使在华夏银行，但可能他老婆不负责信用卡，也不一定有我专业，是不是可以这样想？所以我问他："你老婆有没有给你办华夏银行的信用卡？"

结果那个客户说："我老婆还真没给我办华夏银行的信用卡。"我说："那我给你介绍一下华夏银行最高端的白金卡呗？"然后我就给他介绍。

客户说："你们华夏银行的信用卡这么好啊？我老婆从来没跟我讲过。"

我就对客户说："你老婆当然没有给你讲过：第一，你老婆很优秀、很厉害，但你老婆不是我们部门的呀，你要相信专业的事还得由专业的人来做。我是华夏银行总行唯一白金卡部的白金卡主管经理，我在整个华夏银行是最专业的。你老婆又是我北京分行的同事，这样，我让你体验一下我们银行最高端的尊贵VIP服务。"

后来，他就办了一张我们华夏银行的信用卡。在一个地方打开缺口后，我就有底气了。

所以，我就变得很自信，认为我能在××银行继续推销这张信用卡。后续的情况是，我不断地通过各种方式，在那里工作了3～4个月。我每天都从后门进去，一个办公室一个办公室地办卡，因为这个单位比较特殊，是我们银行的竞争对手，不可能让你集体发邮件来办，而且保安、前台管理得也非常严。

你想象一下，你怎么可能在另外一家银行推销你们银行的信用卡？被人发现后这不乱套了吗？一般人都会这么想对不对？

在这种单位办卡是很敏感的，但是我们又说过"最好的客户就在你竞争对手手里"，为什么在竞争对手手里的就是最好的客户呢？因为对于信用卡的基本知识普及我是不需要给他们做的，而且大家应该知道我此行的目的是什么。

所以跟他们只需要介绍最高端的信用卡有什么功能，所有信用卡的基础知识不需要普及，竞争对手也就是××银行已经全部帮我普及好了。

有人说办理信用卡新开卡业务也是销售的一个方面，有的时候人们从来没有听说过这个产品，或者对你这家银行产品不了解，对于销售人员来说这很考验功力！

因为有的销售人员能把它的优势和客户的需求点结合起来，而有些信用卡销售人员在银行的业务中就找不到太多的优势和客户的需求点。现在我来分享：其实信用卡没有什么特别的优势，无非就是提前花了钱再还！

最大的优势就在于它帮我们预支，让我们先消费再还款。让我们提前享受了我们该享受的服务，这是一种生活方式上的改变。

但是实际上在刚开始发行信用卡的时候，网络支付等各方面不发达，客户用了信用卡后还钱还要找银行网点，那时候华夏银行的网点特别少，其实相对我来说是没有优势的。

在××银行这个竞争对手的单位办卡我只需要做到什么呢？我只需要做到如何让他们知道我们银行的白金卡跟××银行的白金卡的区别就好了！

我只要抓住这个点来讲就可以。有些销售人员在办理具体业务的时候生怕客户听不懂，从1一直教到人家10，就像你去照顾一个小孩子一样，人家都八九岁岁了你还教他如何穿衣服，你说他爱学吗？

与客户要交流和他当下匹配的东西。很多客户对很多东西不了解，你讲得越细越好。他觉得你很专业，因为他一般不太懂。

对于从来没有办过信用卡的我们叫白户办卡，对于信用卡他一点儿都不了解，从来没有用过信用卡的人对信用卡是没有概念的。

给我一张信用卡，让我先花再还，你们银行挣啥钱呢？我平时跟别人借钱都不好借。是不是会有各种疑问？现在信用卡普及了，大家应该都知道了银行挣的是商家的刷卡费。

因为××银行这家银行比较特殊，它们的白金卡需要3600元的年费，而且只有达到一定级别的领导才可能发放，要求比较高。当时所有银行的白金卡都分两种：一种叫小白金，另一种叫大白金。小白金卡一般都是没有年费的，大白金卡要交年费且办卡要求高，一般人办不下来。

当时各个银行都是这个政策。

当时××银行给它们的很多员工发的都是普通的小白金卡，普通的白金卡每年刷18次才免年费，其实能刷够，但是听起来这个数字还是挺可怕的。而当时我们华夏银行的小白金卡刷5次就免年费。

这次我来××银行推销的是我们华夏银行的大白金卡，虽然也有年费，但是可以用特殊的活动来免除，也就是一年大概刷5万元。

在银行工作刷够这个量不是很容易吗？我利用华夏银行的这个政策在××银行撬开了一个缺口，找到了我们银行的白金卡高端服务品质的这种感觉，然后把这种感觉带给××银行的客户就变得很容易。

因为××银行的大白金卡每年收3600元的年费，一般员工都不给办，中层以上才有机会办。而且××银行机场贵宾厅的功能还要配备储蓄卡内的存款量才能用。但华夏银行没有这个要求，从卡的功能上来说华夏银行比它们完善。

从整个卡的高端显示身份、地位水平上，我们银行满足了他们的需求，**每个人都希望付出更少，得到更多**。从年费标准上华夏银行比××银行优惠，而且我们是绝对超乎客户想象价值的优惠。华夏银行的信用卡每年刷卡5万元就可以免年费，对于××银行的员工来说刷卡5万元太容易了。

机场贵宾厅的服务，××银行这张卡不但要求那么多，配了这个服务之后还有存款的压力要求，而我们银行出示卡面直接就可以用机场贵宾厅，对客户来说很便捷，所以他们很容易接受。

为什么我在分享的时候说这么细呢？这就像学开车和做广播体操一样。**学开车和广播体操能学会，是因为一开始教练和老师给你看的是分解动作，你能看到每个细节，这样才能有很深的印象，将其与自己现有的动作做参照，这是一个学习的诀窍。**

同时，我要通过《八连冠销售冠军的实战手记》这本书做分享，**让每个看到的人受到启发和帮助，真正让你的销售工作变得轻松和简单！**

在办卡后，客户用华夏银行的信用卡刷3000～5000元，会再送一个德国的勃兰匠记工具箱或者攀登者帐篷，这些礼品也很有吸引力。

对客户来说简单方便且优惠力度非常大，体验一下别的银行的服务也挺好的。

我当时惯用的话术是这样的：如果××银行的客户说"我当然只用××银行的信用卡了"。我会跟他说："您一直用××银行的信用卡，银行又不会给您发奖金是不是？我是华夏银行的员工，我有的时候也不一定一直用华夏银行的卡呀，我也要为我自己服务，搞清楚别的银行的服务啊。"

客户讲不想用别的银行卡的过程中，你一定切记要与客户同频！先认同，再引导。

我会讲："当然你们银行的活动也不错，我也在用你们银行的卡，你们那个送牛奶的活动就挺不错的。"这时候指出他们银行比较有特色的活动，客户就会很喜欢，觉得特别开心，自己家银行好，而且得到别人的认可。

他们就觉得自己的好的这种感觉已经被满足，包括我也认同他们。

但是我说"这也不影响你再享受一些服务呀，你忠诚于银行，银行又没给到你相应的回报和价值"，这样就挖出了客户的痛点，很容易打开缺口，让他了解一下我们华夏银行的信用卡，再把优势一比较、一介绍，他觉得尝试一下也很好，所以这就是在××银行我容易推销成功的原因。

还有一个原因就是在××银行很多的领导成了我的客户。

攻克领导之后，我对领导说"给你们员工也特批了张卡"，对于他们来说也是意外收获，因为对于普通员工来说几乎不太可能办理这张收年费的白金信用卡。

在我们华夏银行办卡完全给到了领导们足够多的尊尚感和满足感，所以我得到了××银行一个又一个领导的支持。

在办这张信用卡的过程中，××银行的员工就形成了一种风气，觉得大家都办了他也想办了，很多时候是整个办公室都办，甚至有些办公室的人知道办别的银行的信用卡在办公室不合适，然后偷偷地告诉我一定不要走错房间。

"隔壁那个房间是我们领导的房间，尽量不要去"，一定要来到哪个房间，然后他们有人负责在门口打探，以避免保安和前台找到我，因为一旦有保安或者前台来办公室送东西，看到我这个陌生面孔就会问我是干什么的，怎么到办公室来了？

客户就会保护我说"她是来给我们送东西，来办业务的"，这种情况下我就得到了客户的认可。如果我从进楼的那一刻开始，要绕开保安和前台这些客观上的障碍，而且我还要靠陌拜打开客户的市场其实真的挺难的，但是这一切我都做到了，我利用了人们的这种价值锚点做到了最好的结果。

同时还有一个打开业务的技巧，就是我在介绍信用卡的时候跟他们讲："你直接办××银行的高端卡不好办，但是如果华夏银行把你当成最尊贵的VIP，你在银行的征信等级上就有一家银行认可你，等你再次回来办理××银行高端卡的时候就会容易办了。"

对于××银行特别忠诚的这些人，用这个话术只是采用了"小米加步枪"迂回的战术，目的是让客户了解华夏银行现在有机会让你享受这项服务，你就让××银行看到了你的信用值，你再回来办自己银行信用卡的时候更有优势。我用这种话术解决了客户的所有顾虑。

加上华夏银行的活动特别好，他们就觉得留着备用或者领件礼物都很值，因为本身他们刷卡量就特别大。华夏银行这张卡最主要的就是要求客户大量地刷卡，其实收年费只是它定的一个标准，目的就是客户刷卡量不够就收年费，但是如果刷卡足够实际上是非常适用这张卡的。

华夏银行在推这张卡的时候，也是从老客户中找到刷卡量大的人筛出VIP客户，进而为这些客户提供机场贵宾厅、道路救援等一系列的VIP服务，且得到了整个市场的认可，所以我在××银行办卡就很容易。

让普通员工有尊尚感，让高层领导认为他能享受机场贵宾VIP服务，所以很多人很容易接受这张卡。

但有一点就是，这种单位不能集体发邮件做团办，只能是一个办公室一个办公室来处理，私下处理。

但这样有一个好处就是几乎一个不落，每个人什么情况都能摸得特别细。

这种在销售功力到位的情况下效果更好，所以在××银行这个银行业的同行、竞争对手这里我办了相当多数量的信用卡，迅速地完成了华夏银行收年费白金卡的任务，给华夏银行创造了可喜的业绩。

名媛手记： 同行和竞争对手是最优质的客户，可以节省你大量教育和培育客户的成本，你只需要做好成交和服务就行。

销售工作中不缺少机会，缺少的是你发现机会的思维。

你能站在客户的立场上为客户考虑，为客户提供独到的价值，你就能避开竞争激烈的红海市场，创造属于你的高利润、竞争少的蓝海市场。

我的行动计划

通过这一节的分享,你学到了什么?又准备做点什么来提升自己呢?趁现在还有印象赶快写下来吧!

第六节　靠拒绝客户做到八连冠的绝招

有的人一定很好奇：为什么要拒绝客户呢？从陌生拜访到多次交流沟通，最后建立信任、得到客户认可是每个销售人员求之不得的好事，怎么还能靠拒绝客户做到八连冠呢？

"二八定律"大家一定很熟悉，营销的精髓就是：**做对了目标市场细分，销售工作就成功了一大半**。但事实真的如此吗？如果你没有认真思考过这个问题，从来没有在你的销售生涯中实践过，那么这将是你人生中最大的损失！

销售高手不一定是最勤奋、最辛苦的，但他一定做对了什么。究竟做对什么让自己拒绝客户可以销得更多？今天我们来揭开这个谜底。

前端内容不再赘述，就是我们靠正常的邀约等。

由于各种原因我好不容易才见到客户，好不容易才说服客户，让客户想办这张卡，这就是谈单基本谈成了。一开始客户肯定是各种抵触、拒绝，不同人的情况不同，有各种原因，我基本上从开始他拒绝到最后能够说服他办一张信用卡，这时候是不是很开心？

在这种情况下当然都很兴奋了，一般的销售人员这时就顶不住了，就会马上对客户说："我给你办理一张华夏银行的信用卡吧。"这是一般人的想法，我不会这么办！

我已经说服客户想办卡了，信用卡的所有好处包括挖他的痛点全都做到了，客户想办卡了，但我肯定就不能让他办了。

我会跟客户说："您好，×先生，抱歉，今天这张卡办不了！"对于客户来说，他是不是很气愤？

这时候客户的心情是什么样的？我给大家举个例子：就如同一个人想去参加舞会，然后她想叫另外一个朋友去，这个朋友不想去参加舞会，然后她就说这舞会有多好，怎么着也应该去。这个朋友觉得确实太好了，可以见到哪些高端的人，可以享受到高品质服务，吃到星级大厨提供的罕见美食，环境、场景都特别好，车也给你准备好了。

这个朋友就动心了，衣服搭配试了好几身，然后又精心地打扮了一番，头发弄好了，妆也都画好了。

突然要出门的那一刻接到朋友电话：对不起，今天的舞会参加不了或者取消了等各种原因不让去了。请问，如果你是那位朋友，你是什么样的心情？

糟糕透顶的心情，恨这个人恨得牙痒痒的是不是？当时客户的心情也是与此类似的。

"因为这种类型的信用卡我们华夏银行名额有限，只有 10 张卡，刚才领导发来信息说这张卡录入系统的名额已经满了，刚才我让您办您不办，我们银行这张卡的数量就办 50 张，我手里每天有 5～10 张的名额，今天我手里的 5 个名额都用完了。"我会这样对客户说。

我每天都有名额，但今天就没有了，由于系统中已经结束录入了等一系列的情况我就说给他办不了。

客户什么心情？他既恨你，又求着你，因为这卡太珍贵了、太好了，大家都在抢！

你要用这种方法顶住了。

客户就会问："请问什么时候能办？"

我就跟他讲："明天我看一下情况，看明天能不能办或者是过两天再办，一般三天只有一次这样的活动。"

然后我看自己明天有没有特殊的安排，如果明天有安排的话，我就会说明天办不了，后天可以办。为什么要这么说？我明天没约别的客户或者不开会我就可以答应他，这个要根据我的情况来，这样主动权完全在我手里。

一定要根据我的时间以及我的地点来定，但是办卡地点我肯定要约到客户的单位，因为目的是为了他单位有更多的"鱼儿"。

把客户的兴趣调到这种阶段，他就会完全听你的话。普通的销售人员会在第二天或第三天给客户打电话，我却不会给客户打电话，我会先加他的微信，然后等着他给我打电话。

然后我在第二天、第三天的时候通过微信给客户塑造这张卡有多好，因为这张卡可以享受高端 VIP 服务，会像讲故事一样刺激他，让客户主动给我打电话。

客户会着急问这张卡的活动还有没有。这时候我会说这个办卡活动有还是没有？你一定会说还是没有办卡活动。当然不对！告诉客户继续有办卡活动？也不对！

这时候你一定要看现场情况，第一次一定要说还是没有办卡活动，千万别客户第一次问就告诉客户"这个办卡活动有了，我们明天马上去给您办卡"，这样就失败了！第一次还是讲没有办卡活动，但是不能抻太长时间，抻太长时间，等这个节点过了，客户会觉得你太自大。

第二次客户打电话来问时，一定要告诉客户办卡活动有了，或者第二次你要主动给客户打电话了，他跟你联系时如果还没有活动就会更失望，心里已经很不舒服了。

我第二次就会说："终于有了新的办卡活动，这次的办卡活动比原来的活动还好，又上升了几个层次……"客户会觉得更开心。"但是这张卡有个条件，就是必须得团办。"我说。客户就不愿意了："凭什么团办啊？团办怎么办？"

我说："团办就是要一次 5 个人或 10 个人一起办。"客户就想："那我还要给你找 5 个人或 10 个人吗？我可不行！"客户一定会这么说对不对？

我在上一段的分享中讲过，一定要让客户感觉简单他才愿意帮你转介绍，客户才愿意帮你忙。这时候你想让客户感觉简单就要帮他想好办法，那我又是怎么帮客户想办法的呢？

我说:"您别担心,我们所谓的团办并不是说让您一个人组织多少人办卡,您看你们办公室那么多人,平常大家中午都在一起吃饭、聊天、休息,您只需要在大家中午吃饭的时候,就大概 10 个人或者 5 个人,您跟大家说一句,把华夏银行的这张卡介绍一下,我们就算团办。他们办不办都没关系,不影响您,您只要帮我们说一下就行。"

然后我再对客户说:"这样的话我们拍个照片就算团办,然后您的卡就可以免费办,好不好?其他人的业务办不了您的级别的卡,只有给您办白金卡。"你要让客户感觉到他的特殊性、尊贵感。

对于自己没有伤害,对于别人来说又是无所谓的事情,自己本来就要办那张卡,这么做也不是什么坏事,所以客户当然愿意了。

这样第 2 天、第 3 天和第 4 天中午我跟客户联系好就过去。然后客户就会讲一句:"我有个朋友是华夏银行办信用卡的,听说不错,让她给大家简单说几句,她介绍的时候大家有兴趣的就听一下好不好?"

以我的塑造能力、描述能力、沟通能力、表达能力,当时如果有 5 个人或者 10 个人听,你知道下一阶段是怎么样的吗?

这 5 个人或 10 个人就会楼上楼下找到他们认识的,再 5 个人或 10 个人那样迅速地形成裂变,那绝不是只给这一个人办卡,那一定是给他们楼上楼下的人全部办卡。

办理业务的这个客户就会感觉很兴奋,他突然觉得自己做出的决定太正确了,这张卡太好了!而且他还会把自己曾经没有办到卡、后来有了条件限制等整个心理变化加进去,这个客户一定会鼓励大家抓住这次好机会办卡。

卡片的级别层次上只要稍稍进行一点点变化和转化说法,客户就会觉得特别满意。

所以,对这个客户进行二次服务、二次成交就会给你带来意想不到的收获,远远要高于你服务这一个人所创造的价值和意义,而且你能把客户背后的资源调动起来。

当然，如果你觉得这个客户没有背后资源，也不愿意帮你做服务，当时一张卡办了也就办了，不要太过于死板地来学这个方法。

以上这节就是我靠拒绝客户来完成全国第一、形成团办的秘诀。

相信一定能给你灵感和启发，让你在销售的时候生发新的想法。

名媛手记： 生产力的优劣取决于你所使用的方法和工具，关键点不是你付出的强度和单位时间内的辛苦度。你一定听说过那个高手砍柴的故事，别人告诉他你力气大又肯吃苦，把自己的斧子磨一下，效率一定会更高。他总是告诉别人自己太忙了，哪里有时间去磨斧子。你想一下，自己在销售工作中是不是一个好的砍柴人呢？

每一个销售高手都是不断地优化自己的销售流程和工具的人，有好的销售流程，你固化后就可以传授给你的团队，创造更大的业绩，自己管理团队也更轻松；有好的销售工具，可以让你做销售的过程变得事半功倍，创造更加卓越的业绩。

我的行动计划

通过这一节的分享,你学到了什么?又准备做点什么来提升自己呢?趁现在还有印象赶快写下来吧!

第二章
简单这几招把你变成销售高手

这些看似简单的销售技巧，每一个都曾经产生过巨大的威力，曾经让我一年又一年地成为销售冠军。很多朋友听过我的分享后做销售变得很轻松，客户更喜欢和他们打交道，他们也获得了不菲的收入。想象一下，当你掌握这些有效的技巧后，你的销售工作会变得多么轻松和快乐。

第一节　信任的 3 个钱包

每个销售人员潜意识当中都想把自己的产品卖好，现实情况是一跟客户直接讲产品，不是把别人吓跑了，就是别人赶快找机会离开你，让你根本没有多少机会和别人深入地交流。

我们把所有的精力都放在了怎么成交上，学演讲、学催眠、学潜意识、学心理学，甚至去背各种话术，结果客户却并不买账。即使客户买了产品，也有很多客户觉得中了圈套想要退货，更不可能有后续的持续购买。这究竟是为什么？

所有从事销售的朋友都知道：**信任是成交的基础，信任是成交的通行证**。如何和客户建立信任，在见到客户的 3～5 分钟内迅速建立信任感，让客户接受我们，让产品做到不销而销？

哲学看着毫无用处，但是没有哲学，人类会迷失前进的方向。所以，销售的流程、基础理论看着可能没那么有趣，也没有引人入胜的故事，但这正是营销的基础所在。**基础就像是万丈高楼的地基，只有基础打得牢，楼才能盖得高。打基础看似很慢，每一步却很扎实。**

我们通过一个简单的案例来解析一下。

我们身边有很多朋友是销售大健康产品的，比如卖足贴的、卖面膜的，销售做得越来越痛苦，越来越怕一开口就遭到别人拒绝。如果你让消费者感觉你是一个养生专家，消费者还会等你一开口就拒绝你吗？

除了你的产品本身之外，你要拥有帮客户解决问题的核心能力。

如果你拥有这样的专业高度，只要按照你说的做，就可以轻松简便地得到健康的方法。这些方法没有任何副作用，并且不用花钱。你有没有这样的方法？

如果你愿意每天去推广这些不用花钱而且非常有效的方法，别人愿不愿意与你交流呢？

毫无疑问，每个人都很愿意，因为他们知道你不是卖产品的。但是你想一想，当你持续不断地无私地去帮助他人的时候，因为接受了你的帮助而得到效果，他会不会介绍更多的人给你？

于是你的客户急剧增多起来，当你的客户增加起来的时候你会发现，当中一定会有一大部分人因为听到你的介绍已经解决了根本的问题了，所以你赚不到一分钱。但是他们当中一定会有一部分客户，虽然用了你的方法很有效果，但是并没有完全解决，这时你建议他们使用你的产品的话，他们会百分之百地相信你、使用你的产品，你觉得有没有这种可能？

最关键的是，所有买了你的产品的消费者，因为他们用了你的产品之后很有效果，那么他们一定会为你转介绍；而没有买你的产品的人，因为得到了你的无私帮助，解决了他们的问题，他们同样会为你转介绍，这样你的生意还会难做吗？

所有销售比拼到最后，比拼的一定是提供价值的能力。提供价值的能力就是创造财富的能力。这份财富不一定是为你自己创造的。你为消费者、为这个社会创造财富的能力，最终决定你拥有财富的能力。

所以，我们必须让自己成为所销售产品领域的一个专家，因为你有这样的专业高度，通过不断给消费者提供价值，一定可以帮助消费者解决他生活中的很多困惑和问题。通过不断给消费者提供价值，最终一定会有一部分沉淀，成为你销售的结果，沉淀成为你转介绍的成果，成为你事业中不断增加的资产。

你的销售自然就做到了不销而销，一切都变得轻松简单起来。

我认识的一个姐姐是做艾灸产品的，产品包含两个费用：艾灸盒套装和配穴费用。产品本身比较高端，价格比较贵，虽然效果很好，但市场并不容易开拓，代理这个产品后销路一直不是很好。但她很喜欢分享，也很喜欢帮助别人，人很有正能量，突然有一天她想到了一个可以帮助别人的好主意。

她想：艾灸是中国长久流传下来的医疗方法，有很多的应用方式，我代理的这个产品很贵，有很多需要健康但是没有什么钱的消费者是很需要的，那我就把我知道的不用使用我的产品、只需要去药店花十几元买盒艾条就可以治疗疾病的方法分享出去，这样不是可以帮助到更多人吗？

但是怎样才可以快速地帮助到更多人呢？

经过调查和了解后她发现，喜欢艾灸产品的消费者有很大一部分是年纪偏大的人，不认识字或者手机上的字体看的时间长了费眼又看不清楚，所以最终她选择把自己经过验证的一些艾灸应用方法录制下来，上传到×××电台。经过一段时间的录制，分享成了她最大的乐趣，因为帮助别人真的是一件很快乐的事。

她一口气录制了多少堂课？竟然录制了 200 多节，分享出去后反响很好，很多人留言感谢她的无私奉献。她的粉丝数量不断地快速增加，一年以后她已经拥有 34.3 万粉丝。

很多听过多次分享的消费者加她的微信，上来第一句话就是：你的产品要怎样才能买到？怎么付款？

而且很多人会主动帮她传播她的分享，粉丝每天都在增加。这时候还用发愁怎么销售、怎么成交吗？一年以后，她的销售额已经稳定在每月 3 万元以上。通过这件事不但解决了销售问题，还带给了她意想不到的好处。

很多消费者使用这个产品后会咨询她，这么好的产品我能不能代理？能不能像你一样赚钱？她很快就有了自己的团队，对于团队成员怎么推广，之前录制的 200 多节课就又发挥了作用，让感兴趣的消费者先去听、去感受、去了解，先让消费者受益然后再谈产品，团队操作起来也特别轻松，迅速壮大。本来是无私地想把自己拥有的健康知识分享出去，最后自己成了最大的受益者。

我们为什么要不断地学习自己产品领域的知识？**只有通过学习提高你的知识储备，才能增加为消费者提供价值的智慧。**如果你没有在自己的专业领域帮助消费者的智慧，就根本没有提供价值能力的核心源泉。**你对所有消费者的帮助就像是一个圆，这个圆是以你在自己产品领域的专业知识为核心的，以你帮助的人为半径，帮助的人越多你所覆盖的面积就越大，覆盖的世界就越大，被你吸引来的消费者就越多，你的潜在客户就越多。**

提供价值的过程就是消费者不断对你建立信任的过程，有了信任，你的潜在消费者自然放下了对你的戒备心，也不会再反感了解你的产品。

销售的过程 90% 以上是建立信任的过程，成交只是临门一脚。

信任有 3 个钱包：现金、资产、信用。 你可以让别人看到你的现金流，从而让别人对你产生信任；你可以通过展示自己的资产，让别人相信你；你也可以提前提供价值，让别人感受你的信用，从而相信你、接受你。你要看 3 个钱包的总和，不能只盯着自己口袋里装有现金的那个，那个有可能是最小的。

看到这里，你可能觉得这种建立信任的方式太慢了。你可能会想："我每天面对面与客户沟通，哪有那么多时间！有没有更快、更好用的方法可以帮助我做销售，快速和客户建立信任？"

下面要分享的就是如何在见到客户的 3～5 分钟内迅速建立客户的信任感，我把这个方法总结为"总分总思维"，希望大家能理解掌握后用到销售中，让销售工作事半功倍。

"总分总思维"中的"总"就是能把你销售的产品总结提炼成对消费者的好处，用一句话讲出来；"分"就是能在总的一句话吸引消费者后，把产品对消费者的好处细节讲明白。在做销售的过程中需要"总分总"，人生中任何时候跟人沟通和聊天都需要"总分总"。

一定要在见到客户的 3～5 分钟建立客户的信任感，那么如何建立信任感，如何破冰？

在这个过程中最主要的一点，就是你所要讲的话对客户有什么好处？**人们只会愿意听跟自己有关系、对自己有好处的东西。**

消费者不会愿意听你讲一堆乱七八糟的东西，所以在这个过程中，一定要跟别人讲清楚，我来找你总的来说对你有什么好处，然后再分开讲我为什么说对你有好处，我从哪里来的原理，我其中的核心点在哪里。

当你给别人讲完对他有好处，同时你又论证了这种好处，那么别人就会相信你讲的内容，到最后再重复你给别人带来的好处。这样思路就特别清晰，而且也能自我证明，让别人来判断，就是对他有好处，所以他自然愿意跟你相处，愿意买你的东西。

所以，**你一定要学会思维清晰地跟别人介绍任何产品和业务。**

有很多销售人员介绍时天马行空，东一榔头西一棒子，最后客户都不知道他究竟在讲什么，不清楚他所有的思维，最后的结果是客户被讲蒙了，客户就不明确、不清楚、不能判断了。那最后的结果是什么？

客户就会选择逃避，他捋不清思维了，自然不可能买你的产品和服务。**人的自然反应中保护自己不受伤害和损失永远是第一位的。**

就像我们一起坐电梯，因为空间狭小，大家彼此都有一种很强的压迫感，彼此就不愿意打开自己的心扉。

你细心观察就会发现，电梯里的人是很少愿意讲话的，即使在电梯外有两个人聊得特别高兴、特别热烈，进入电梯里发现有很多人的时候，他们也不再聊天。

其实在平时生活中，我们有的人在一起比电梯里的距离还近，但是我们愿意聊，就是因为环境不一样。

所以，你千万不要把客户讲蒙，把他的思维搅乱了，在他压根不明白你在讲什么的时候，他一定会选择自我保护，他会选择不做任何判断，而且不会立即购买。

你要让客户的思维清晰，让客户感觉到跟你谈话的过程中，所有的东西的点全是他能得到的好处，所有的东西全在于它有各种好处。

最后客户也会被你讲蒙，但这种蒙不一样，这种蒙里全部都是好处，好处太多了，好处太牛、太充分了。

客户从来都没有见过那么多好处，都捋不清了，觉得这个产品太牛了，太独有了，这种情况下，客户一定会立即做决定抓住这个机会。

所以一定要思维清晰，给别人讲解东西，让别人只抓住好处，只记住好处，在这个过程中你还要有更多佐证。

所以有的时候我们谈思维清晰，不仅指的是销售人员的思维清晰，还包括销售人员也要让客户的思维清晰。你要运用一套成熟的话术和方法，让客户觉得他思维清晰，而不仅仅是你自己心里清晰。

名媛手记：消费者和客户永远都有可能拒绝你的产品，但永远都不会拒绝提前得到好处、提前获得体验产品带给他好处的机会。而让自己成为自己产品行业的专家，提前给客户和消费者提供价值，是建立信任的最快速的途径。

我的行动计划

通过这一节的分享,你学到了什么?又准备做点什么来提升自己呢?趁现在还有印象赶快写下来吧!

第二节　把破冰变成建立信任的绝杀武器

销售的过程90%以上是建立信任的过程，成交只是临门一脚，但这关键的临门一脚很多销售人员都做反了，到底怎么做才是正确的呢？

很多从事销售工作的朋友，整天都在学习各种成交客户的套路，苦背各种话术，业绩却没能有很大的提升，结果让自己更迷茫了，整天抱怨竞争激烈、产品不好卖、社会大环境不好、业务难开展，却不知道可能是自己的销售流程有问题。

秘密有时就是放在你眼前可以让你赚钱的常识，只是如果没有人告诉你，你可能一辈子也想不出来。换句话说就是，世界上有太多的东西特别简单，但是如果没人告诉你，你怎么都不会知道。今天要分享的就是一个绝大多数人都不知道的如何通过快速破冰建立信任的秘密。

很多做销售的朋友之所以做不出业绩，就是太关注成交的环节，而没有想着为客户提供价值。提供什么样的价值才更容易被客户和消费者接受呢？

最简单容易地理解提供价值就是要学会换位思考。

站在客户的立场为客户着想，和客户同频，让客户认同你，也是在提供价值。我下面分享一个反面的小案例来让你更容易理解。

如何建立与客户的信任感？前面提到了破冰，其实我们在3分钟之内就可能建立与客户的信任感，这也是破冰。有的时候你讲100句话，可能客户也不认可你，但有的时候可能就说一句话，客户就立即认可你。

关键的一句话有的时候作用太大了。前两天去烫头发，到了之后他们请来了一个非常专业、特别厉害的老师，好像是从韩国请来的，然后这个老师带了一个特别厉害的产品，用这个产品给大家演示做头发的手法、步骤以及产品如何使用和产品所带来的效果。

我旁边那个店长还有别人都在学习，大家都在问这样或者那样的问题。突然，一个级别比较低的员工来了一句："老师，你是不是在推销产品呢？"这样一句话，让现场的人多尴尬？让老师多尴尬？让那些店长、经理多尴尬？这就是不会说话产生的巨大的负面效应！

所以，说对了一句话就能建立信任感，若是说反了，有时候10句话也不一定能建立起来信任感。

我再分享一个完整的案例，让你更能完整地去理解，清晰地去感受。

作为一个专业的销售人员，你不能一直强调自己卖的东西，没有人会喜欢直接被人推销，你开口就推销，说错了更糟糕。向客户和消费者推销产品之前，开口就要对别人有好处，开口就是别人想听的内容，开口就是用问的方式。

客户即使问你问题，你必须回答，你的回答也应该是用问的方式，这样的结果就是我们想要的结果，否则请你闭嘴。

我去×公司办卡的时候，我从来不说"你好，我是华夏银行办信用卡的"。那我会讲什么呢？开口就讲好处，别人喜欢什么好处呢？

当时×公司的人特别喜欢我们华夏银行信用卡的专家预约挂号的服务，所以，我就把信用卡变成了专家预约挂号卡。我会说："你好！华夏银行给你们单位特批一张可以挂三甲医院专家预约号的卡。"客户听我这样说就特别兴奋："怎么信用卡还有这项业务？"

我说："你们单位很特殊，整个中国就一家，对不对？所以我们华夏银行希望在你们单位做个广告。"这样讲，客户觉得很合理！

然后我会给客户再讲一个故事，旁边哪个部门的哪个处长，前两天他老婆要看妇产科，找了好几家医院都挂不上号，让票贩子花钱挂号也没挂上。

然后她给我们华夏银行客服打了个电话，第三天就挂上号了，她特别开心、特别兴奋，她的病情也不能再拖，而且通过我们华夏银行预约挂号后她得到了特别好的治疗。

听完这个故事他觉得对他来说太有意义和价值了,这根本就不是给300元挂号的事,这是专门针对他们单位给了特殊的活动和服务。

我会跟客户说:"你想一下,你留下这张专家挂号与贵宾卡,你即使自己现在不用,你给家人、给朋友用谁都会感谢你,如果你给领导用那就更好用。所以怎么着每个人都应该办理一张信用卡。除了你们单位,任何单位银行都不给它服务,所以这绝对是特别难得的服务。"

客户问:"一年可以用几次挂号服务?"我告诉客户:"一年可以有两次。"客户就会说:"这预约的次数太少了呀!"

我说:"少总比没有好啊。我们银行也不是开医院的,我们也是通过特殊的VIP关系搞定的,我们如果随便就能搞一堆三甲医院专家的挂号单,卫生部也不同意呀,你也得允许国家的政策和我们银行之间关系的协调啊。这个已经是在整个行业中没有的事情了,这你还不要的话,那就更没有办法了。"

看到客户比较犯难,我就会再对客户说:"那你实在觉得太少的话,我再给你个特权吧,如果你老公/老婆也是类似你们这种级别的单位的,我也给他/她批一张。"

"但是只能是像你们类似的这种单位,绝对得是这种性质和级别的单位,否则绝对不可能给办卡的。这样您就可以一年使用4次三甲医院预约挂号功能了。"

客户会觉得我特别为他着想,我同时又做到了二次销售。当我说完这些话时,客户基本上都愿意办这张卡,大家都想要这张卡的服务。

客户会接着问:"那请问下怎么办理?"我告诉客户:"办理很简单,但是对您有个要求,我们银行不能服务无效的客户,我们必须保证您时时刻刻记着我们银行,因为银行毕竟是跟储蓄卡、信用卡之类的卡有关系的,对不对?所以,您用我们这样的服务必须保证这张卡每年让它活跃5次,让我们时时能看到您,让我们感受到您是在帮我们做广告。

"所以,这张卡每年必须刷卡5次,刷卡5次才能让您不交这张卡的年费,您也知道专家挂号还要 300 元一次，我们卡的年费是 600 元，您没有必要花这个钱，只要保证每年刷卡 5 次就可以。"

这样就解决了要求客户每年刷卡 5 次的问题。在办理信用卡的过程，每年刷卡 5 次免年费是客户非常大的一个拒绝点和抗拒点，我无形中就解决了这个抗拒点。

然后我就拿出了信用卡的申请表让他填写。

我跟他讲："我们这张信用卡除了专家挂号的功能，还有其他许多的功能，但最主要的一项功能就是具备透支的功能，您着急用钱的时候可以拿它先花了再还。如果您实在不愿意用信用卡，那您在里面存点钱刷卡也可以，这就是我们银行最人性的地方，我们互相各取所需。"

我就这样完成了一张信用卡的销售，也解决了客户不愿意刷卡的问题，一般客户都会讲刷卡 5 次没有问题，太简单了，去超市买 5 块豆腐就好了！

我们平时办信用卡，给客户讲完卡的优势和好处，然后你还要让他刷卡 5 次，他觉得对他有限制就不愿意办。提前说明让客户觉得很简单就能办到，这样这个抗拒点自然而然就解除了。

有些客户特别认可这张卡，我特别记得某个部门的办公室主任，非常认可这张卡，他帮我介绍了很多人。

介绍这张卡的时候，他也不介绍是信用卡，他会跟别的部门的办公室主任讲："哎，你下来找我聊聊，华夏银行过来给我们发一个专家预约挂号卡，太牛了！太难得了！太好了！你一定要过来了解一下，然后让你们部门的人都办一下，机会很难得。"

他这么介绍会不会有人来办卡？一定会有人下来了解，以我的能力让他们办卡太轻松了。

有的客户办完卡了，也认可了，然后我让他介绍客户，他给别的人打电话的时候就会说："华夏银行有张信用卡，可以预约专家挂号，所以我办了，你也可以过来看看。"

这样讲完了，效果大大地缩减，除非特别感兴趣，否则很多人根本就没听后半段，直接听到了办信用卡，只会产生抵触、抗拒。

这就叫先入为主，这就是销售的最大魅力——话，看你怎么说，前后顺序不一样，里面的内容不一样，结果完全不一样。

所以，我就引导客户来帮我介绍，我告诉他先说有挂号预约贵宾卡，让他同事下来。如果对方实在不会讲，我干脆让他把电话打通后我来跟对方讲，效果完全不一样。对方如果能够按照我说的方式讲肯定更好，如果不能，宁可不让他讲。

只需要把电话打通，告诉对方我是×处推荐的，建立基本的信任度，话术由我来设计，效果完全不一样。你知道吗？这样做其实效果更好，因为对方会想什么样的人可以让他亲自打电话，然后还亲自让对方来听我的电话？

特别不一样的感觉和思维，这就是销售的巨大魅力所在。在整个×公司，因为这个特质，让我完成了整个公司大楼从楼上的办公厅到地下室的保卫处所有人全部办卡，而且化销售于无痕之间，真正做到了卖什么不吆喝什么，绝对没有跟客户开口就推销信用卡。

后来有一个保卫处的处长就跟我讲："你知道吗，姑娘，从整个大楼建立那天起，就没有一家银行在整个大楼里公然地推销信用卡，然后还没人管，你是唯一的！"这就是销售的巨大魅力：**开口永远讲好处，开口永远想别人需求的地方，开口永远想到对方想要的东西，开口永远不要想自己的产品，这样你就可以快速破冰，建立信任。**

我用了两节的篇幅来分享通过提供价值快速破冰、建立信任，因为学会站在客户的立场上换位思考，这实在是太重要了。这些看似基础的常识在我的销售生涯中给我提供了很大的帮助，而这样看似简单的常识也正是销售的真正秘密之一。

名媛手记： 老祖宗有句老话叫**"舍得"**，说得特别好——**不舍不得、大舍大得**。有两个层面的境界：第一，要对客户舍得，提前提供价值，让客户提前感受价值，你的"小我"慢慢就会变成客户心目中的"大我",客户就会喜欢你、尊敬你,成交只是水到渠成的必然结果;第二,要自己舍得,先要放弃整天学习成交层面的投机想法,让自己沉下来苦练自己的专业知识,多去想想我在让客户的梦想实现过程中起到多大帮助,从销售的基本知识开始整理,看看什么样的销售流程更适合自己。

我的行动计划

通过这一节的分享,你学到了什么?又准备做点什么来提升自己呢?趁现在还有印象赶快写下来吧!

第三节 自我设限、反向思维和销售立场转换

登月是人们几千年来的梦想，为什么直到最近几十年才实现了首次登上月球？那是因为了解了登月背后的逻辑。销售也是一样，如果你只是看到了我的分享感到兴奋，发现我的销售创意层出不穷，但是不了解我的销售方法和流程背后的逻辑，就很难应用到你的销售中。

就像魔术师变魔术，你看着表面很精彩，但如果你不知道魔术背后的设计逻辑和原理，就很难设计出属于你自己的精彩魔术。

在"术"的层面，我们看到的销售表现形式可以千变万化，但在核心的逻辑层面有些法则是恒定不变的，就像太阳每天东升西落一样亘古不变。销售流程的背后逻辑真相如何，让我们一起来溯本求源。

首先我们探讨一下，有很多从事销售工作的朋友，表面上看起来业绩不好是市场不景气造成的，但背后的真正逻辑是什么？是在销售流程的哪个环节出现了问题？

但这是一个很容易解决的问题，造成销售人员业绩不佳的一个最主要的原因就是：**自我设限**！销售人员往往有太多的自我设限。这是什么概念呢？就是一般不太优秀的销售人员，在没有见到客户的时候，他就假想了一系列客户不买单的情况。

大部分做销售的朋友从内心认为自己不如客户，他一旦被客户对产品的某一个点给质疑了，他就一下子蒙了，然后，他所有的东西、所有的观点都不能按计划说出来了。

销售人员首先要跳出自己的圈子，必须得知道自己在产品的专业领域一定比客户优秀，比客户厉害。产品优势、产品的好处，客户怎么可能比你还清楚？

客户其实大部分在产品的专业领域都不如销售人员清楚，只是在某一点上，客户的信念、立场以及我们见客户的环境、目前客户所处的地位等一系列的假象，让销售人员感觉自己不如客户，这样就把自己套在里面了。销售人员必须有这种思

想：你了解所有的你的产品、你的公司、对客户的好处，你肯定比客户更加优秀和厉害。

客户又不像你一样每天都在研究这个产品的优势和好处，所以销售人员千万要跳开"自我设限"这个思维陷阱。

分享到这里，我突然想到了一个在我们这个金融行业中人们经常失败的案例，很多人看到了某些金融投资项目特别好，然后得到了相当高的利息和好处，结果大家就去投资，最后亏本，什么原因？

你只看到了别人给你的利息非常高，而别人看重的是你的本金在哪里。所以最后吃亏的肯定是你，当然这里面可以看到人性的贪婪。

但我们现在要说的就是销售人员掉在自我设限的思维陷阱里面，只看到了其中的某个点，而没有跳出这个圈子，自己实际上应该是比想象的更加优秀。

自己可以有更多能帮助客户解决需求和困惑的方面跟客户谈，如果某一个观点谈不透就跳出来，给客户讲另外一个观点。总而言之，你在产品可以满足客户需求的外围上有一堆的观点可以跟客户谈。

谈到这里，我想到了很多销售人员电话邀约的问题。有很多销售人员想邀约客户，在打电话之前就自己先浮想联翩："哎呀，这个时间点客户会不会在吃饭呢？这个时间段客户会不会在谈业务？这个时间段客户会不会正在忙而直接拒绝我？我是不是还没有准备好？客户以有事忙着开会拒绝我之后，那我可不好意思再打第二次电话，我现在打电话人家会议是不是没开完？人家是不是烦我呢……"一系列的自我设限，造成了第一通电话不好打，第二通电话更不好打，这是销售人员做邀约的大忌。

你要有信念：一切的时间都是最好的时间，现在客户正在等待着你给他打电话，正需要你的产品，正需要你的项目，你什么都不要想，就做好自己的工作，该干什么就干什么好了。

通过这个例子我想告诉你的是，通过这样不断的内心信念强化练习并固化下来，你的自我设限就会消失不见。

消除自己的内心不设限后信念的力量有多重要，上面的分享你可能会觉得有一点偏向于理论化，下面就用我身边发生的真实案例，来做一个更清晰的场景展示。

我在华夏银行做主管带团队的时候，有些助理做得真的非常好，她们是铆足劲儿只干一件事，就是把客户带到我面前，那我就一定可以搞定客户。但是，为什么助理自己不和客户谈呢？

因为这些助理能力不强，没有很好的专业知识，再加上自己内在信念不强，从信念上首先就直接败给了对方，所以她们很容易被客户打击。

人永远是从成功才能更快走向成功。一定是你先有了一次小小的成功，拥有了小小的成就感，不断地加强自己的信心，才能有更大的成就。

所以，当你在自己的产品专业领域知识不够丰富的时候，你的客户提出几个常见问题你都解答不了，那你就会觉得自己错了，当你周围的客户都觉得你错了的时候，你就真的认为自己错了，当你真的认为自己错了的时候，你就只能失败了！

这时候再用什么样的程序也启动不了你曾经的那份热情，因为一个人对一件事情的理解只有一次，第一次你的这份热情被打击浇灭了，就会在很大程度上影响你继续成长。就像我们跳远的时候，如果第一次跳就摔了一跤，我们是不是再次跳的时候心里就有阴影了？我们就不想再跳了？

所以，如果我们第一次不能很好地建立起自己内在的信心，后续再想建立起来就特别难。

当我们建立起了自己的信心，成交了一个又一个客户，我们的信念足够强大了，我们相信了"相信"的力量，这时别人就打不倒我们了，我们就能吸引更多的人。我们周围的朋友、家人都会因为我们的成功而信任我们，因为我们的失败而怀疑我们。

说回我的团队那帮可爱的助理，我就要求她们不要想太多，每天要出去不断地进行陌生拜访，没有量变就不可能有质变。

她们现在没有成功的经验，内心的信念还不够强大，还不具备独自成交客户的能力，那我就告诉她们："你只要跟客户讲清楚'这是一张华夏银行的白金信用卡，然后由我们最专业的白金卡经理来给您处理'就可以了。"

只要她们能够做到让客户接我的电话，我就能够在电话里3分钟解决客户的问题，让客户办卡。看到我这样的演示，她们觉得太牛了，这样竟然就可以让客户办理华夏银行的信用卡！

所以接下来她们就真的增强了自己内心的信念，我也会趁机好好地鼓励她们继续去开发新客户。

她们不能指望我一直帮她们成交客户，但是在这个过程中我给她们看到了很轻松就可以成交的画面，我给她们传递了信心，增强了她们内心的信念。这样下次她们再遭受打击的时候，她们就有了也许下一个客户很容易成交的感觉。

其实陌生拜访真的特别辛苦，我是真的实实在在、真真切切地经历过：保安、前台各种阻挠、挖苦、讽刺、拒绝以及所有客户的抗拒！我们要使用各种方法来避开保安、前台以及拒绝我们的客户，才有可能见到真正的客户。如果真正的准客户又不办卡，那对我们信心的打击真的很大。

没信心就没有业绩，内心信念崩塌了，外在表现就很差。看不到你的活力，你死气沉沉的，客户看到你都想躲，自然就不会办卡。所以一系列都是恶性循环，最后我的团队销售员可能会全部崩溃，我这个团队主管自然也就干不下去了。

但是通过我的方法，我的团队成员经过一次次的小成功，解除了自己内心的自我设限，增强了自己的内在信念，面对个别客户的拒绝也可以坦然处之，慢慢也可以自己谈客户办卡了，很少有"阵亡死掉"的。

这就是从事销售工作的我们为什么要想做好销售，首先要解除自我设限、增强自己内在信念的关键所在。

一般的销售人员见到客户都喜欢不自觉地夸大产品的好处，但这样做有时候反而造成了负面的结果，因为说得太好了客户不相信就不买单了，这又有什么背后的逻辑呢？

通过下面分享的这个我亲身经历的小案例，也许聪明的你能够自己找到答案。

有一次我去做头发（见过我的朋友都知道我的头发特别蓬松，也特别厚，而且还有自来卷），我到朋友孙老师开的美容会所，想按我自己的想法做一个发型，就和孙老师说了我的想法。孙老师张口就说了一句话："你这个头发不适合做你想要的发型，你永远也做不了那种发型！"

孙老师的话让我特别受打击。这么多年我去任何理发店，任何美发师都会客气地问我有什么需求，想要什么样的卷，沟通后美发师都会告诉我没问题，这么设计肯定很好看。最后的结果是做完当时真的看着很好看，可是回到家里过两天头发就变得不好看了。

经过这样的过程，我就不会再去这家理发店了，觉得美发师说的都不错，但是手艺并不好。

孙老师跟我讲完我头发的真实情况，我从受到打击到冷静下来回想这么多年都没有人给我讲这个情况的时候，我反而觉得孙老师是真的很敬业、很有职业道德，他愿意把真实的情况讲给你，然后让我对他有了更多的好感和认同感，觉得孙老师其实更实在。

实际上我们沟通好做完头发后，在很长一段时间保持得都很好，后来我和孙老师打电话沟通时，孙老师跟我说："做理发技术行业的销售，就是朋友也一定要实话实说，不能为了成交什么钱都赚，**一定要降低客户的期望值。只有降低他的期望值，把真实的情况说出来，才能提高他的满意度，然后才能有长长久久的销售。**"

通过这件事情，我对销售有了新的领悟，各个行业的销售完全不一样，不同的行业要用不同的方式，有时候用新的反向思维也可以取得很好的销售效果，得到客户的认可和喜爱。

反向思维其实就是立场转换，这两个小节反复讲这种逻辑思维，是因为它在销售中占有很大的比重。我再分享一个案例。

很多做直销和会销的朋友在向客户销售产品时经常会犯一个小小的错误，就是一直在讲自己的产品有多好，然后把自己产品的成分、细节恨不得一次都讲明白；团队的主管领导会不停地讲一系列制度、模式。他们一般不太注意讲这件事情跟别人有什么关系，跟在场的伙伴有什么关系。

这些销售人员似乎不知道在说话前想一想，说的这个事到底跟别人有什么关系？销售人员要以这样的思维方式去思考问题。

有一次唐山的一个姐姐特意来找我请教一个问题，她一直在说她们的领导有多厉害、多优秀，一个月能挣300万元，我要是跟着她们的团队做这个产品的话能和她挣得一样多，像我的能力这么强绝对没问题。

我说不用和你们领导拿的钱一样多，我有没有可能有你们领导一半的能力？如果你认为我有可能有其一半的能力的话，我就拿150万元好了。我说："我可以跟你们签合同，我可以给你们干任何事情，我跟你们一起做，你们现在只要付给我150万就好了。"

结果她就说这样不可以，还说了各种条件和理由。我如此说话就是因为我看不到她讲的跟我有什么关系。我对她说的团队领导能挣多少钱没有知道的欲望，自然对她说的提不起兴趣，所以才逗逗她。

作为销售人员要懂得换位思考、立场转换，一定要做跟客户有关系的事情，说跟客户有关系的事情，开口闭口都是跟客户有关系的事情，这样客户才能快速对你产生认同感，你说的话才能进入客户的大脑，才能进入客户的潜意识，客户才能更喜欢你，有更多的机会和你的产品产生链接。

名媛手记： 本节的重点是销售人员自我设限的解除、增强内在信念、反向思维和换位思考、立场互换，都是销售流程背后的本质逻辑，相对来说信息量很大，也许没有那么有趣，却值得你静下心来多读几遍，一定能给你在销售工作中带来莫大的帮助。

我的行动计划

通过这一节的分享,你学到了什么?又准备做点什么来提升自己呢?趁现在还有印象赶快写下来吧!

第四节 3分钟筛选精准客户

做事懂得优先顺序是一种智慧。企业的总利润取决于单位时间内的产能和效能的合理配置，同样，销售的结果取决于销售人员手中的有效客户数量乘以购买数量。

大客户和小客户在销售时所用的时间和精力区别可能并不大，不购买你产品的客户一样会消耗你一天24小时不能延长的时间，但是学会筛选精准客户和大客户却相当于倍增了你的时间。

如何快速鉴别和筛选精准客户，这背后有什么样的流程和技巧？

思维方式决定了你看待世界的角度，看待世界的角度决定了你的做事方法，不同的做事方法自然带来不同的结果。想要取得好的销售结果，好的思维方式是前提。

我首先要分享的就是销售学上很重要的 $4 \times 25\%$ 定位法则。

你卖东西，一定会有25%的人马上就会买；第二种25%的人你给到他足够多的好处当时也可能买；第三种25%的人你即使给了他足够多的好处，他也不会立即做决定，他一定要明天或后天再做决定，他一定要自我做决定，因为他要的是那种尊重感，他不想别人一说啥他就买啥，这样觉得自己太没有面子，那是心理上的一种需求，他可能最后也会买单；最后一种25%的人是绝不可能买单的，可是你知道吗？这部分人是耗损我们时间和精力最多的人。

很多销售人员往往判断不出来这些人是什么人，往往把大部分的时间和精力用在这些绝不可能买单的人身上，不断跟踪，浪费时间和精力。

甚至有的时候我们自己都决定放弃这些最后25%的客户的时候，我们的同事和朋友还会告诉我们，这些客户一定可以带来巨大的好处，我们周围的人会帮助我们判断这个客户是我们的潜在客户。其实你周围的人怎么可能知道客户的具体情况？

你周围的人不会拿到你的业绩提成，不像你一样去跟踪客户、了解客户所有的情况，而他们从外围角度告诉你这是准客户，进一步让你去跟进、协调。

最后的结果就是这个客户一直不成交，你一直跟踪，你认为这样的客户有很多，你反而觉得这是自己做销售中应该要经历的。

而那些一下子就买单的客户你反而觉得太轻松了，不用去费精力。你认为这种需要耗费你大量时间、精力，而且还不断想了解你的客户是大客户，因为他们一直想知道你的东西，一直想了解更多的产品知识，事实果真如此吗？

所以，**销售的第一步重点是懂得筛选、判断、鉴别，放弃那些不是你的客户的客户，能够给你省下大量的时间、精力和体力，让你去开发更多好客户。**

一个人的时间、精力成本是有限的，当你去开发这样的无效客户的时候，你的竞争对手却开发了优质客户，而你却耗在了这些不能成为你客户的人身上，你说你亏不亏？

没有业绩就没有信心，客户被别人抢走了你就更难受，恶性循环，你就不可能做好业务。所以一定要勇于放弃无效客户，该成交时一定要成交！

成交1万元的产品和成交100元的产品，所用的时间、精力几乎是一模一样的，这说明什么？说明做一个好客户和做一个无效客户所用的时间、精力成本是一模一样的。那我们为什么不去开发一个优质的客户、一个准客户、一个好客户，而非要去开发一个无效客户呢？

一定要用平常心去对待客户，不是每一个人都是我们的客户。我们对待客户时一定要有自己的尊严，要有自己的主张。

很多人在做市场的时候一味去恭维客户，那客户就不把你当回事，就更谈不上成交了。很多的销售人员尤其是新销售人员，为什么成交不了大客户呢？

就是因为他的"气场"不在。他本身就认为他成交不了那些大客户，他本身就认为那些大客户很厉害，所以这种"气场"就造成了他压根儿不可能完成大业务。

其实越是大客户越低调、越谦卑、越好成交，后续服务越简单，给你带来的价值越大。找到这样的大客户所认可的产品，客户认可产品他就会帮你转介绍，他帮你转介绍的客户更是大客户。

这样的话业务就会越做越大、越做越轻松，就像我做信用卡一样，××公司客户的爱人一般是相关行业的，他办完了卡比较认可，我就让他顺便给他爱人办一张，两个人共同享受服务，他们开心，我的业务也完成了。

如果你成交的都是小客户，那么首先不容易成交，不容易收钱，好不容易收了钱后续还有一堆麻烦事。而且他也不太愿意给你转介绍客户，他认为你拿钱了，所以他想让你分钱给他，即使你给他钱了他还认为你赚了他的钱。

同时，他给你转介绍的客户也是一群和他一样的客户，不断地恶性循环。

成交大客户和小客户所用的时间、成本、精力代价几乎是一样的，而最后的结果是完全不同的。懂得筛选有效客户除了要有好的思维，还要有好的心态，敢于放弃的心态是良好的开端。

快速筛选有效客户的思维和心态具备后，你可能还是不知道怎么下手，那么什么样的话术可以快速鉴别有效客户？如何了解客户抗拒产品的真实原因呢？

经常会有客户，你什么都和他说好了，最后就差买单了，客户会说："我考虑一下，然后给你回复。"很多销售人员莫名其妙就放弃了："那行，那您考虑一下吧。"这样做是不对的，我们马上要跟一句："请问您考虑什么？"

你要引导客户把他考虑的内容说出来，如果他说的内容合情合理，你要说："好的，那请问您什么时间考虑好？"你要明确客户考虑好的时间："好的，那您的意思是说您明天×点之前会把这个问题考虑好，那到时候我××时间再跟您联系好吗？"

你要把时间锁死，这就是明确地告诉客户什么时间必须得做什么决定，这样的话你方便他也方便，最重要的是通过几句简单的沟通，你明确了他是否是有效客户以及他的抗拒点。

其次，如果这个过程中你不告诉客户，你不给他施加压力，那你就得很难地进行后续跟踪。

所以，客户如果说不买单，那你就要问出来不买单的原因是什么。客户一切的抗拒你都可以用问的形式再次回复他，让他给出精确的答案和回复。

现在的人都比较精明，所以在筛选有效客户的时候就直接明确一下，我就是要成交你，不要绕着圈子和客户谈。

这样反而不会被客户所牵制。有一次，有一个客户看完了我当时做的一个锁客引流系统想了解一下。当时我在北京一个五星级酒店做分享，分享完已经晚上9点多了，他让我留下来给他单独讲解一下，我告诉他我马上要回家了，一会儿有一个朋友开车回去刚好顺路可以把我带回家。

于是我就跟客户确认："我可以帮您讲，但是我告诉您，如果讲完了，我把您所有的顾虑都解除了，我把您所有的需求都满足了，您没有任何问题了，最后我收您4880元，您有没有问题？因为我最后一定要收您钱。如果您说最后收钱有问题，那您就自己找机会我们再了解；如果您说最后我都帮您解决问题了收钱没问题，我就留下来。"

在销售中明确客户是否自己愿意承认被成交，让客户确认自己可以被成交，比我们最后磨叽半天成交来得更有意义和价值。

事实上也是这样，因为我给他讲完就晚上11点多了，我就走不了了，那样的话我只能住酒店就更麻烦，所以还不如就直接明确这一点，让他本人确认来成交他自己。

在筛选有效客户的时候你越明确，客户就会越明确你说的是否是他真正想要的。

最后我们再次来明确一下快速筛选有效客户的真正意义所在，回顾一下其中的几个要点，顶尖高手3分钟判断客户，就知道客户是不是目标客户。

好的销售人员立马就会跟客户指出要点、要害以及要做的事情，而差的销售人员会在客户那里留一天，他不会去判断客户是否是自己的客户，只要有人跟他谈，只要有人跟他了解，他就愿意去谈，愿意去帮别人服务。

有时一天的时间都在客户那里，这个客户把他一天的时间耗光了，最后也不一定会签单。如果看到客户不是准客户，请你立即撤退，我上面讲过 4×25% 的定律法则，不要一直浪费时间。

我们终究要的是好的业绩结果，一定要勇于放弃无效客户。

销售人员存在的意义和价值就在于判断客户是否是你的准客户，就像医生给病人看病一样，优秀的医生不用把脉，一下就能看出病人身上有没有病，如果有病，立马点出他的痛点，然后告诉病人为什么生病、怎么预防疾病。如果病人不相信这个医生，医生也不能强求这个病人治疗，只能病人自己承担一切的后果。

你判断出客户是你的准客户，就要挖掘他的需求，他自然就知道如何去解决钱的问题。很多销售人员都担心客户交钱的问题，这是不对的。

我特别记得，有一个姐姐卖保险，客户没有钱，她竟然劝导客户让他借 500 元来买保险。一般人都理解不了：你怎么这么狠，让别人借钱来买保险？

那个姐姐却讲："我今天让他借钱来买保险，这个钱可能不当什么钱来用。但是，如果他真的出了问题，可以当 5 万元、50 万元，就可以救他的命。"这个姐姐真的是爱对方，只要客户有需要帮助的地方，只要客户愿意给自己治病，她就想办法帮客户来治疗自己的病症。

这就是真正的爱所在的地方，真正的优秀的销售人员所应该做的事情。

名媛手记： 真正有效地筛选客户的核心是对自己内心方向和思路的筛选，我们常讲"选择不对，努力白费"，真正了解背后深层含义的人少之又少，并不是只要不停下来就能到达远方。

我的行动计划

通过这一节的分享,你学到了什么?又准备做点什么来提升自己呢?趁现在还有印象赶快写下来吧!

第五节 3句赞美客户的话就让他迫不及待成交

能够快速成交客户，让客户在第一时间把厚厚一沓钞票交到自己手中，是每一个销售人员都梦寐以求的。那么，什么样的成交流程最快速有效？

每个销售人员都应该站在客户的立场上换位思考，要一开口就说对客户有帮助的话、对客户有好处的话、客户喜欢听的话。

说什么样的话才能有这样的效果？这个点应该怎么掌握？

每个销售人员面对的客户都是一个活生生的人，他有自己的喜怒哀乐、自己的梦想和追求，也有自己的困惑和痛苦。销售不只是属于营销的领域，更是人际关系学，怎么走进客户的内心世界，让我们的产品和客户产生链接。

"大哥，你帮我冲下业绩把单签了吧。"这是不是很多销售人员最后一招在成交客户时说的话？

我从来都没有在办理信用卡时让客户帮我冲过业绩，如果我也像普通销售人员一样一直讲，客户就会觉得烦，可能最后客户听累了，就会说一句："那行吧，我帮你冲一下业绩吧。"如果客户说这句话，你猜我会怎么说？

我会说："大哥，您可千万别帮我冲业绩，我不需要您帮我冲业绩，这个东西对您真的有帮助，我才愿意您购买、使用这个东西，您必须得认可它的价值。如果您不认可的话还愿意听我耐心地给您讲解，这已经是对我的帮助和支持了，您不必费那么大劲儿掏钱来对我进行支持。"

我会接着跟客户说："我再跟您说一句，就拿您办理银行信用卡来说，您帮我冲业绩办一张卡您不开卡，这对银行来说、对国家来说，都是巨大的资本浪费。"

"您不开卡也体验不了银行对您的服务，我也拿不到该有的业绩提成，最重要的是一张信用卡发卡、制卡所有的成本全都浪费了，所以说您真的不用帮我冲业绩，除非您真的认可这张卡的价值，要不然您愿意的话帮我介绍别的人，能了解我们信用卡功能的人。您周围总有人需要吧？您帮我转介绍个人吧，这样我就已经很感谢您了。"

这几点好处和赞美客户的话说完之后，客户反而会愿意让我给他办理信用卡，了解它的价值，而且认真地听我讲解，还愿意把我转介绍给别人。

赞美是一种美德，也是打开客户心扉的钥匙。赞美不仅是对对方说一些恭维话，肯定对方的观点、认可对方的做事方法和为人处世，也是一种最真诚的赞美，因为人类本质里隐藏最深的驱动力，就是希望被更多人认可。

前两天跟一个大哥聊天，聊到最后的阶段我就说了一句："大哥，我挺厉害的吧？"

因为我们聊天的过程是基于陈述一个观点，我给这个大哥介绍了一些我验证有效的经验，最后这个大哥总结出我这个人有实实在在的干货，确实是挺厉害的一个人，这个大哥就感觉认识我挺荣幸的。

当他把所有这些观点总结出来，感觉我还挺厉害的时候我就又说了一句："哥哥，您的判断真正确！"我的目的是要让这个大哥当时判断我厉害，然后认为要跟我合作干一件事情是正确的，所以我才说这句话。

当我说完了这句话、肯定了大哥的判断是正确的之后，大哥紧接着自己又来了一句："我看人还是挺准的。"这句话是他对自己的超级的自我肯定，他的内心得到了确认性的肯定。

当然谈到这里两个人就可以继续下一个更有建设性的话题。客户表面是表扬你厉害、证明你厉害，其实是他觉得自己能够判断你厉害，他有这个能力，自然把这种赞美引以为豪，内心对你有了更好的认可，销售也就顺其自然发生了。

前面我说过：每个销售人员面对的客户都是一个活生生的人，他有自己的喜怒哀乐、自己的梦想和追求，也有自己的困惑和痛苦。销售不只是属于营销的领域，更是人际关系学。

要走进客户的内心世界，让我们的产品和客户产生链接，但是有时我们的客户本身就是销售人员，这要怎么去处理呢？

我印象中有一件记忆特别深刻的事：有一次我被邀请在一个销售演讲课程上做分享，在这个会场的门口有一个大哥在卖麦片粥，采用的是让大家免费品尝的方式在卖套装产品和招代理，在他请大家免费品尝的时候我发现了一个对他很不利的情况。

第一次他请我品尝的时候单独给了我一杯粥，那时候那个粥很热，味道很好。后来他看到品尝的人多了，他就提前把粥倒出来，我又拿了一杯，可我发现味道比我之前喝的那杯差了很多！

因为吃人家的嘴短，我也很愿意帮助别人，我觉得我应该提醒他一句。

于是我告诉他说："大哥，你这个粥这么发不合适，不论多麻烦，你一定要在粥最热的时候发给大家，即使人多的时候比较慢也不要提前倒出来，你要让大家喝到的粥是最好的粥。因为人对一件事情的第一次理解只有一次，你把第一次给破坏了，让客户认为粥就是那个比较差的味道了，对你的销售肯定很不利。"

他听懂了我的话，说："你真厉害，我太佩服你了，对销售和客户体验研究得这么透！"

我说："没有那么复杂，因为喝了你的粥，我只是顺便帮助你而已，你能吸收我觉得很好。"他说要加一下我的微信，我说可以啊。

既然他加了我的微信，我觉得就有必要跟他介绍一下我是谁？我介绍了一下我在银行的身份，说自己是华夏银行总行白金卡部的唯一白金卡主管。

"哇！"他觉得我太厉害了。然后他就顺嘴说了一句话："能不能给我办张白金卡？"

我就跟他讲："大哥，你这么讲话能量场就降低了，我就不愿意帮你了。你看你开口就是让我帮你办事，你是给我钱了还是给我啥了？不能开口就让别人不舒服，这样你自己舒服了，可是我就不舒服了。已经超出了我的舒适圈，我就不愿意跟你在一个圈子里了，这样我就不高兴了，就不愿意教你了。"

于是他就跟我解释是因为这样那样的原因想要办张白金卡，我说："大哥，不行，你越解释能量场越低，找借口的人都不会有大成果的。"他觉得这句话很有杀伤力，于是就不说话了。

我对他说："大哥，你的销售肯定做得不好，你团队的销售做得应该也不是太好，因为真正厉害的人一定开口就要说对别人有帮助的话，一定就能够帮别人的话。只有别人方便了，才愿意跟你沟通和交流。估计这个就是你做销售的一个弊端。刚才讲的第一印象是我给你讲的一个问题，这个是我给你提的第二个问题，也算帮到你了。"

于是他又来了一句话："那你这么厉害，你把我的团队给培训一下好不好？再帮帮我的团队。"

"唉！"我说，"大哥，这次猜猜我会说你啥呢？"还没等我说完大哥就说："我又错了，我又为我自己考虑了。"

我说："不是这样的，这次你说得很好。你有没有发现你这次说的不是你自己，而是你的团队了？说明你的发心是好的，我愿意帮助你，帮助你的团队，然后让他们都把业绩做好，把粥卖出去。

"这样对客户好，对大家都好，实际上我最好，因为你们这种强大的能量场托起我，这对我来说意义更大。所以你越是这样讲话，我就越舒服，我就越愿意帮助你，我本来就愿意为这种正能量做传播。"

卖粥的大哥听我说完就加了我的微信。然后我说："大哥，我还有个3分钟成交别人的能力，你想不想学？"

卖粥的大哥说："我相信你肯定有这个能力。"我说："我是不会相信嘴上说的，直接用行动来证明吧，加微信直接转钱。"

然后他就问我他要转多少钱？"你认为我能教你多少、你想学多少，你就转多少。"我说道。那个大哥很聪明地说："你要多少，我就给多少。"

谈判专家罗杰·道森讲过一个理念：在谈判过程中，谁先回答、谁先开口谁就输。

所以这个大哥就不说要转多少钱，因为对于他来说多少钱都觉得不合适。

几句话他就很认可我，他不知道应该怎么去衡量。于是我就说398元，他就立马转给我了，什么也没要求，也没问是什么钱，我也没承诺给他做任何事情，这样就完成了。

虽然完成了，但是我不能对不起别人，我就告诉他这398元是干吗的："可以在我们爱学习销售技巧的伙伴们建的一个21天蜕变群里一起开发自己的潜能，突破自己的心理障碍，同时还会听到我8年的销售技巧分享，更重要的是21天你改变后这个钱我还退给你。"

这个大哥听完激动地说："如果是这样你太厉害了！你给我的价值太大了！我一定要好好跟你学习，今天在这个会场跟你认识是最大的收获。"

说话这会儿又过来一个大哥李刚，这个李刚大哥我本来就认识，就在我们"21天新生命蜕变群"里面，这次他正好来北京参加这个销售演讲的培训，但是李刚大哥只是在外围听过我的演讲，我们两个没有深聊过，所以这时候我们两个就顺便聊起来了。

我告诉李刚大哥我最强的能力就是3分钟成交的能力，然后我顺便就给李刚拿出例子：刚刚那个卖粥的大哥就3分钟给了我钱。

然后那个卖粥的大哥就给我作见证："确实是这样的，乔老师很厉害。"然后我对卖粥的大哥说："大哥，你再说一遍，你为啥能够迅速地给我钱？"

这个卖粥的大哥就说了他刚才跟我学到的部分感受。

他说我教的那几个点对他有巨大的帮助，所以他都没听我说这钱是干什么的就给我微信转钱了。

通过这个交流的过程你可以看到，这是一种信心和信任的传递，这两位大哥都特别认可我。

因为人对一件事情的理解的第一印象真的只有一次，销售人员跟客户接触也有第一次，不可能创造第二次机会，这一点对他来说太重要了。

如果不能给到最好就宁可不要给，这就是销售的核心点：**如果不能给到最好，就会影响别人对你的判断，彼此都不会好。**

李刚大哥听完对我的认识更加深刻了，我就给他讲学习要学到内核的东西，培训会上是如何成交的。我问李刚大哥："你被成交了这么多次，那你有想明白自己为什么会被成交吗？"他说他都没有想过是什么原因，我就给他讲了一个人性内核的部分，跟他分享了一部分，他觉得好厉害，又主动微信给我转了398元，要求加入我的荔枝课堂。

不到5分钟的时间就成交了两个客户，客户还欢天喜地地感谢我，只是因为**我走进了对方的世界，客户觉得自己交钱是为了成就自己的梦想，一切都自然而然发生了。**

名媛手记：不知不觉就进入第二章的尾声了，为了能帮助你全面了解销售中的真谛，轻松愉快地做好销售，体会销售工作带来的乐趣，增加更多的收入，让客户满意、家庭更幸福，我想这本书不应该只是看起来有趣，更重要的是要对你有用。

让你能早日学有所用，这对我来说是一种重大的责任。

我的行动计划

通过这一节的分享,你学到了什么?又准备做点什么来提升自己呢?趁现在还有印象赶快写下来吧!

第六节 像律师一样开口收钱的直接成交法

客户愿意坐下来和你聊天本身就是已经想要买单的,能和你聊天本身就是出于一种信任。只是拖延是人的天性,每个人做决定时在潜意识里感觉是一种潜在的风险,都会希望有别人帮助自己下决定,确认这个决定是正确的。

每一个销售人员想要解决的首要问题,都是要把产品销售出去。

每个人都想做到成交像呼吸一样简单,本节就分享一个很简单实用的直接成交法。

如果你的销售流程的前期进行得比较顺利,客户已经信任你、喜欢你,在成交的最后环节你要果断地提出要求。**你一定要记住:成交是从你敢于提出要求的那一瞬间开始的!如果你没有提出要求,没有敢于提出要求,你将错过所有的成交机会。**

后面你再想成交就很困难了。一个人活着一辈子实际上时时刻刻都在做成交,不管你卖不卖东西,你交朋友、与人合作也算是一种成交,是不是这样?

我以前经常在做培训时分享一个案例:在我们公司有两个人,一个是善于成交、行动力比较强的人叫王凯,另一个是拖泥带水、柔柔弱弱的人叫刘超。这两个人的人生结果完全不一样,简直是天壤之别。

柔柔弱弱的刘超身上发生了一件事情:刘超从高中一年级就一直暗恋一个女同学,暗恋了3年,考上大学了他都没敢表白。时隔多年,两个人在另外一个城市遇见了,两人喝了点小酒,这时候刘超就壮着胆子跟这个女生说了:"李静,你知道吗?我从高中一年级就暗恋你,一直到现在暗恋十几年了。"结果这个女生听完了之后站起来"啪"一巴掌就打过来了,打完了之后很生气地对刘超说:"你怎么不早说啊,我也暗恋你10年了!"他们俩有缘无份,不能在一起,因为这个女生已经结婚了。

另一个小伙子王凯，他在公司里是成交高手，每次都是业绩冠军。王凯有一天接到他母亲一个电话，说如果今年春节不带着女朋友回来就甭打算回家了。王凯挂了电话之后站在公司里面想了半天，把公司所有没有男朋友的女孩想了一遍，之后瞄准目标就直奔了过去，直接就说："来，王燕，给你3分钟思考时间，要不要成为我的女朋友。如果要成为我的女朋友3分钟以后我来叫你，你就跟我走。"

3分钟以后王凯就回来了，说："王燕，你考虑好了吗？"

这个女生就无奈地看看他，意思是：哪有你这么谈恋爱的？你得容我考虑考虑吧？还没有想好怎么回答你呢！

王凯又接着说了："不回答就是默认了，走。"他拉着王燕的手就走，直接就给拉到了楼梯间，然后在楼梯间里说了一句话："我实话告诉你，我也没有办法，都是我母亲逼的，今天你答应我也得答应，不答应也得答应。如果你今天不答应，我就抱着你从楼梯上跳下去。"

然后王燕就没办法了："那，那我考虑考虑吧。"王凯直接说："考虑的意思就是同意了，就是今年过年跟我回家。"

每次讲到这里现场都是掌声一片。后来王凯从恋爱到结婚3个月内都全部搞定。

这就是一个善于成交、敢于成交，一个不善于成交、不敢提要求的两个人的生活结果。实际上在人生中，不管做什么事情，只要你得到对方认可了，都算是一种成交。

如果你能获得别人的认可，那你首先要提出你的价值，然后获得对方的认可，果断地要对方掏钱。

在销售中买卖双方的压力是一样的，所以在让客户办理各种业务的时候，销售人员不要有太多的压力，不要给自己太多的限制，更不要不好意思。

你永远要记得，你的产品好就要成交他、让他用，你不要不好意思。如果你觉得不好意思，那客户就好意思拒绝你，这是个核心规律。

有的时候你对客户要求越多，客户反而越听话；你越是不敢要求，客户就觉得你好欺负，客户就要求你越多。

所以，你越是要求多，客户反而觉得你越正规，觉得你更专业。就像我办信用卡一样，很多客户都觉得我们银行复印麻烦、填资料麻烦，各种麻烦，即使同意办卡了又觉得各种麻烦，他就说不办了。

于是我就会讲："越是对您要求严就说明银行越正规，对您的资料保密性做得越好，难道这不正是您想要的吗？难道您不想得到更好的服务吗？难道您不想得到我们银行的服务吗？难道您不希望您的资料安全吗？那信用卡使用的最核心的要点不就是安全吗？要复印的要求也是银监会对我们的整体要求。"

你把这种要求说得更加严格，客户反而更认可你，更能感觉到你的产品的价值。

在销售时要求一定要明确，在工作中也要明确，这样才能有好的结果。

前两天有一个我认识的哥哥，他本来决定要去外边办事，我劝他应该在办公室学习，他同意了。然后我问他："下午你要干吗？"他说："我在办公室，不出去办事儿。"你看他说的话——他说他在办公室，而不说他具体要做什么，那样他下午的效率会高吗？

所以，要想让自己高效，必须让自己做任何事情都要明确，成交客户也要明确地给到客户各种答案和方案。

你有没有发现，当你让客户有更多选择的时候，客户反而不知道选什么了，客户就会说"我考虑一下再办卡"，最后就造成客户哪张卡都不办。

但如果你在三五分钟内就明确说清楚这张卡对他有多好，那他很快就办理了。你就告诉他手里这个最适合他，他就很专注，这就是明确要求直接成交的巨大力量。

在销售中我们必须学会用明确的一句话解决很多的问题，我经常提到的就是客户拒绝你的点，就是你销售给他东西的理由。明确的一句话可以救活一家蛋糕店，明确的一句话可以让你的销售从无到有，明确的一句话可以让你的销售业绩彻底改变。

在销售的过程中，即使是一句话，前后顺序不一样，也会造成完全不一样的结果，一句话就能改变销售的结局。

我在做销售时，经常会想，**客户拒绝你的那句话，就是你成交给他的理由。**客户拒绝你的话，就是他的需求点，虽然他说出了他不需要的东西，但你要了解他真正深层需求的东西是什么。

这样的结果就是销售用一句话就能成交客户的精髓和核心。

我经常会说，一个人不干一件事情的理由千千万，我却只有一个，那就是我要成交，我要销售，所以，有了这种信念，自然就能挖掘出客户的需求点在哪里，能真正找到客户的需求。

再比如说，有的时候邀约客户面谈不好约，客户都是各种借口，因为客户担心跟你见面要花费大量的时间，客户又不确定是不是要买你的产品，所以他也不想耽误你的时间，他在心理上不想给自己任何负罪感和负疚感。所以，约客户的时候明确的一句话就很重要。

我一般都会讲："我正好有件事，顺便要去你们单位/去旁边一个单位，然后我顺便把材料交给您一下，以方便您以后需要我们的业务时了解一下，我只耽误您一分钟。"

你看这句话里，客户觉得一分钟时间不是很长，对他没有任何的影响，他就愿意和你见个面。但是如果你不告诉他是一分钟，他就自己想象着是很长时间，要耽误很久。当你告诉他你只需要一分钟，同时告诉他是顺便办别的事路过，就解除了他所有的抗拒点，那你就很容易约到他了。

最后分享的是直接成交法的重点：现在的人比较聪明，所以，做销售不用整那些虚头巴脑的，也没有啥不好意思的，火候到了就直接明确要求成交就好了。我分享的这个观点是从一个做保险的姐姐那里得到的灵感，而且我一直也在这样做，非常有效。

分享一下这个做保险的姐姐的案例：那个姐姐保险业务做得很好，已经做到了北京大区的经理。她最近在卖10万元的一个保险，然后就有人给这个姐姐打电话，说是某某介绍的（保险行业有客户转介绍很正常的），跟这个做保险的姐姐说想了解一下这个保险，问她有没有时间给他讲一下。

这个做保险的姐姐就说："当然可以啦，让我讲的前提是准备身份证加10万元的保费。"对方一听就不高兴了："我又没有说买保险，为什么要准备10万元？"这个逻辑绝对符合客户的思维，客户还在纠结，还在犹豫，还在想。

一般都是了解完之后才能决定，哪有人还没有了解就让人准备这些东西的？当然这也是客户正常的惯性思维。

可是这个做保险的姐姐说了："您了解完了是不是要买？您了解的目的是什么？您买的时候是不是要有10万元？如果您没有10万元或者是您又不想买，您了解这些不耽误时间吗？如果您只是想了解了解，那我就给您找个一般的销售人员去了解就好了，那就不必让我来跟您讲了。"直接就塑造了自己和一般销售人员的区别。

这个做保险的姐姐人很厉害对不对？如果这个客户这时候继续让你讲，那就说明他已经做自我成交了，他已经在大脑的潜意识中暗示自己要准备10万元，而且是准备成交去的，能不成全他吗？从潜意识层次，我觉得都已经达成了想要的结果。

通过直接明确要求成交，客户自己就知道自己能不能被成交，就可以判断客户能否被成交，对双方都有利，所以我觉得直接成交法挺好的。

名媛手记： 合抱之木，生于毫末；九层之台，起于累土；千里之行，始于足下。打基础的过程并不总是让人愉快的，这个过程看似很慢，但坚实的基础可以让你飞得更高、更远。

太多人没有耐心沉下心来学习，去沉淀、整理自己的积累和发现自己的天分，反而变得迷茫和失落。

很多今天得心应手的成交和营销精髓，都和我一直以来善于发现生活中的机会，能静下心来整理自己的积累、发现自己的天分有非常大的关系。

从我很小的时候就是这样了，当然我也经历过很多常人难以想象的痛苦和困惑，我是怎么一步步走过来的？下一章将告诉你。

我的行动计划

通过这一节的分享,你学到了什么?又准备做点什么来提升自己呢?趁现在还有印象赶快写下来吧!

第三章

苦难是成功的种子，
总有一天会长成参天大树

真诚是信任的通行证，信任不是技巧，内心的坦然和爱意会消融所有的敌意和抗拒。你要成为销售冠军，就要学会降低隐私度。"真"是最纯净的能量，能让你曾经的"苦难"变成你成长的养料。今天你就是我最亲密的朋友，我要告诉你关于我的故事，剖开自己给你看。

第一节 9岁的小女孩怎么让凉粉卖到脱销

我从来没有在任何公开的场合讲过这段幼年的经历，因为有太多苦难和沉重，有不愿回首的支离破碎，但现在我发现，这一切与我今天的成就有着莫大的关系，希望通过我的陈述能带给你一些启发，让你早日取得好的成就。

只有坦诚相见，才能找到更多像你我一样同频又正能量的好朋友，让好的销售理念传播给更多需要的人。

我是如何在年仅9岁就让普通的凉皮卖到脱销，又是如何成为家里的小小顶梁柱的，一起跟随我的文字回到那久远的岁月吧。

我出生在唐山一个普通的农村，父母都是地地道道的农民，爷爷、奶奶生育了四个儿子，父亲排行老三。

在妹妹出生的时候，大伯家有三个孩子：两个男孩，一个女孩。二伯家也是三个孩子：两个女孩、一个男孩。在那个重男轻女的年代，我爸爸一直想要个男孩。

那时候的计划生育政策特别严格，超生要受到重罚。

当时，唐山计划生育非常严，我父亲为了要男孩（现在的我弟弟），一家人跑到了天津，只能躲到别的地方。

当时由于计划生育的限制，刚生下的两个妹妹在我妈妈生完孩子还没有苏醒过来时，就被我爸爸送给别人抱走了。

这些年大家都不愿意谈这些事的细节，当时两个妹妹到底是怎么被抱走或送走的，我从来没有直接问过我妈妈，因为我觉得她应该也不太想聊这件事。但是最近这三五年，家里人把这话题慢慢聊开了，我妹妹也私底下帮着找到了两个失散多年的妹妹。

这两个妹妹虽然目前还没有跟我妈妈直接见面，但是私下里大家都在沟通交流，都知道彼此的情况。

我讲这一段是为了告诉大家，当时我们家有多么的重男轻女，为了生我弟弟竟然不惜把多出来的女儿送给别人家。作为一个母亲，我妈妈承受了太多精神和心理上的煎熬。

对一个母亲来讲，生生夺走了两个她竟然都没看到过的孩子，这么多年也不知道在哪里，这是多么的残忍。

所以我特别能体谅妈妈的辛苦，为了生我弟弟她付出了多么沉重的代价，东奔西跑，四处飘泊。

在当时这种环境和背景下，我们来到了天津，投奔了一个亲戚。

爸爸、妈妈、我和妹妹一下就来了四个人，天津的亲戚就找了一个大的房子给我们住。

说是房子，其实就是一个种菜的蔬菜大棚，两边砌两堵墙，背后砌一堵墙，中间用竹竿做龙骨撑起来，然后拿塑料薄膜把龙骨蒙起来就形成了一个大棚。大棚里种有一畦一畦的蔬菜，蔬菜就在一个温室里长大。

我们家当时就在这样的环境下躲着生存下来了。大概过了好几年，从我弟弟出生到他快四岁我们才离开那里。

在9岁之前我都没有上学，因为我是老大，一直在照顾弟弟，妹妹天天都跟在妈妈身边。那时候，我们在天津靠什么为生呢？

靠卖凉粉，爸妈会做凉粉的手艺。

夏天的时候卖凉粉、冬天的时候卖冰糖葫芦，这就是我们家当年经营的生意。记得冬天很早的时候，爸爸就起来熬糖，妈妈就给他穿山楂核，他们出去做生意的时候带着妹妹。那时，弟弟已经出生，一岁都不到，是肯定带不走的。

记得当时家里有一个小推车，那时我才七八岁，我主要的工作就负责照看弟弟，弟弟醒来我就拿推车晃晃他，把他晃睡着，让他安静地睡觉，在家里看着他。

爸妈做凉粉的手艺很好,到了夏天卖凉粉的时候他们卖得还不错。

当时我们住的蔬菜大棚是在村庄外边,离村里还有一段距离,村里人都知道我们做的凉粉很好吃。村里人口口相传,我们生意比较不错。

爸妈白天去集市上卖东西的时候,我就在家里看弟弟,妈妈就把凉粉提前称好,切成两种形状:一种小块的是五毛钱,另一种大块的是一块钱。

有些人在我爸妈不在家时,还会来我家买凉粉,然后我就一边看弟弟、一边卖凉粉,几乎每天都能把凉粉卖完。

为什么能全部卖完呢?有些人过来买五毛钱的凉粉。如果五毛钱一块的刚好卖完了,我就会给他一块一元的凉粉,然后告诉他一元的凉粉你买回去切开就好了,切开之后,可以明天再吃或者是给你们邻居吃,你们家邻居也总喜欢来买,你买回去可以问问邻居要不要,这样邻居就不用来买了。

我说,我不会分,也不会称,现在只有一元的凉粉,你既然都过来了就买一块一元的凉粉回去吧。我每次这样说他们就都会买回去。

如果说他想要买一元的凉粉,但刚好就剩下五毛钱一块的怎么办?很简单,我卖给他两块五毛钱的凉粉就好了。所以小时候我就很会卖凉粉,反正每次等爸妈回来,我的凉粉基本都卖完了。

小时候我大概半年或者是好长时间才回一次老家,每次回去见爷爷、奶奶,他们都说我数学特别好,说我都会卖凉粉嘞!

记忆中,我小时候就一直在帮爸妈做生意,印象中爸妈做生意也非常不错,所以那时候我就知道做生意要赚钱。

弟弟四岁左右我们就回到了老家唐山,并给弟弟办户口。当时我记得好像是罚了10000元,罚得挺多的。因为爸爸喜欢男孩,家里人也因为有了我弟弟特别开心,但是妈妈却在接下来的几年承受了生命中无以言表的痛苦。

回到老家后,弟弟由奶奶照顾。妈妈因为当时遭受老家人的白眼和思想上的批判，她心中紧绷的弦终于崩断了，我妈妈竟然变成大家口中常说的"神经病"！

我记得突然有一天妈妈好像就疯了！

我那时已经在老家上小学，上学的时候妈妈就会敲我教室的玻璃窗，然后说："老师，我要给我们家的大元宝吃饺子。"老师知道我妈妈精神有问题，又不能说什么，每次老师都很无语！其实那时候我觉得很丢脸，我想怎么会有这样的母亲？

在当时那种情况下，我压根体会不到她对我的那份爱。

我妈妈有的时候还敲教室的门说："这是我给我们家元宝买的冰棍，老师你交给她一下。"妈妈还会对老师说："老师你现在就给她，让她吃，要不然一会儿就化掉了。"那时候我是很尴尬的！

小女孩是很有自尊心的。老师也知道冰棍一会儿会化掉，我妈妈执着地一定要让我吃到冰棍，要不然就化掉了。在那种情况下，我觉得很丢人，但是我还要吃，因为老师在旁边监督着呢！

其实我小的时候对妈妈挺不好的，那时候我在同学面前没有喊过我妈妈。在小时候成长的过程中，我实际上跟妈妈的对抗是特别多的，那时我曾经无数次讲她的不好以及讨厌她所有的一切。

因为妈妈精神有问题，我放学就得陪着她不让她乱跑，那时农村有很多浇地的水井，她看到就会往水井旁跑，我总担心有一天妈妈会掉进去。

记得有一次，我妈跑到了家的房顶上，当时全村人都在围着看，她就喊着我爸的名字说："你现在就去给我买白鸽的窗帘（我记得当时有个窗帘是蓝色的，上面有一个白鸽特别漂亮，她特别喜欢白鸽的窗帘），你现在不去我就跳下来！。"最后我爸骑着自行车不知道从哪里买回来了，然后我妈看到了就从房顶上下来了。

那时我有一种感觉，好像妈妈随时可能会离开我。

上房顶的事没过多久，在我妈身上又发生了一件更恐怖的事情！

有一天包饺子，妈妈在那里擀饺子皮，爸爸在包饺子，妹妹和弟弟也在一起包，妈妈就蹲在凳子上用什么东西使劲地戳她的肚子。

我没明白她在干吗，就问她："你干吗呢？"我妈就说："没干吗，就是有点不舒服。"

后来我才发现，我妈在拿一把比较钝的刀往肚子上戳！因为那把刀特别钝，她就使劲戳！趁我们没注意，她戳了半天戳进去了，更恐怖的是，她还把刀拔出来了，戳出的大口子在流血。她说："你们看，我这好玩吧？你看我戳进去了，我让自己流血呢！"多么可怕的一个场景！

我慌得连鞋都来不及穿，我一只脚上只穿了一半的拖鞋，另外一只脚光着，就赶紧去找村里的赤脚医生。她就在我家房子两排以外的地方，我敲打那个大妈的门，一边哭一边说："您在里面吗？您赶紧起床，我妈妈被刀划伤了，现在您得去看看，我妈拿刀戳自个肚子了！"

当时我都已经吓傻了，很怕妈妈要离开我。

那时候妈妈给我带来的羞耻感突然一下子就没有了，我当时只有一个想法，就是一定不能让她有事，一定要留住她！

妈妈在医院住了一段时间就出院了。如今，一切都过去了，妈妈现在身上还有这块醒目的刀疤。姥姥还为了妈妈精神上的问题，找过很多的赤脚医生，给她扎针，用中医的方法治疗。后来，我妈妈莫名其妙就好了，就又继续开始做生意。

当我真的把这段经历讲完之后，我的内心反而变得坦然了。在剖开自己的过程中，我才发现提升自己能量最快的方法就是降低自己的隐私度。

名媛手记： 在写完这段文字的时候，我的心情久久不能平静，这些难忘的画面像放电影一样一幕又一幕地在我脑海里闪烁。在当时看来，这些都是我小小年纪生命中不可承受的痛苦，今天回过头来看又何尝不是一笔小小的财富呢？都说穷人的孩子早当家，我小小的年纪就在天津卖凉皮，跟着父母做生意，早早地就经历了同龄人不曾有过的销售经历，也许这些就是我成长的养料。

我的行动计划

通过这一节的分享,你学到了什么?又准备做点什么来提升自己呢?趁现在还有印象赶快写下来吧!

第二节　怎么把遗憾变成你成功的动力

小时候你有没有希望长大后一定要实现的愿望？现在的你活成了自己想要的样子了吗？你有没有想过潜意识和信念的力量到底有多么神奇？

人的头盖骨结合得非常紧密，内部也很复杂，科学家曾千方百计地使用各种工具和方法，想要完整地打开人的头盖骨做研究，但是都没有成功。后来有人把一些黄豆放在头盖骨里让黄豆发芽，结果一切机械力所不能分开的头盖骨被完好地分开了。

你小时候的愿望，如果你从来没有放弃，一直坚持这个想法，就会变成潜意识和信念，这颗小小的种子就像那打开头盖骨的黄豆种子，会爆发出惊人的力量：只要生命存在，这种力量终有一天会显现！

在10岁时，我给自己种下了什么样的种子和信念，让我在北京坚持做一个"北漂"并取得令人瞩目的成绩，并连续8年成为华夏银行的全国销售总冠军？

10岁那年的秋天，有一天我正和爸妈在家的房顶上晒花生，突然听见院子里传来很多人说话的声音，我往房下一看，发现几个堂姐、堂妹正往汽车里坐。她们准备坐汽车出门去北京，让人好羡慕。

我家族里姊妹特别多，爷爷、奶奶生了四个儿子、三个女儿，其中一个大女儿在地震中去世了，四个儿子每个都有三个孩子！

我在房下看到了姨奶奶，也就是奶奶的亲妹妹，姨奶奶是当时北京非常有名的律师（现在名气依然也很大），很多人打官司都找她。小时候的我不太知道什么叫地位、名利和欲望，但我知道北京的姨奶奶非常有名气，她能来村里看奶奶，我们都觉得特别的骄傲。

这一次姨奶奶就是来看奶奶的，她坐在一辆车上，后面还跟着一辆车，和我年龄差不多大的堂姐、堂妹们坐在车里。我在房顶上问她们要去哪里，堂姐、堂妹们一起大声对我说，她们要一起去北京玩。

对于当时的我来讲，姨奶奶就是我向往、崇拜、引以为傲的，是我觉得高不可攀的一种亲属关系，有机会跟她去北京玩，更是我从来都没有想过的。

我从来没想过自己能有这种机会，可是堂姐、堂妹们现在却可以坐车去北京玩，我同样是爷爷、奶奶的孙女，为什么只有她们可以而我却不能？

所以我就问她们："我是不是也可以跟你们一起去北京玩？"结果她们说："你不可以去，车上没有地方了。"为什么没有地方就不带我去？这对我来说是一种沉重的打击。

其实我知道并不是车里没有地方坐就不带我去北京玩，而是爷爷、奶奶不喜欢我的爸爸和妈妈，也不喜欢我。

为什么我不能去北京玩，为什么她们坐汽车没有人叫我呢？那是因为爷爷、奶奶没有安排我们去。我当时还跟她们争取了一下，我说："我也想去，我要跟你们一起去。"这时候车里的小伙伴们还是说："不可以去。"

车里有个大人也说我不可以去，不记得那个大人是我的哪个长辈了，但是他对我说的话让我印象特别深刻。这件事对我幼小的心灵伤害很大。

当时我就下定决心：我不跟她们去北京了！我再也不要跟她们去北京了！我如果要去北京一定要通过自己的努力、自己的方式。因为北京对我来说是神圣不可侵犯的地方，是我内心深处非常向往的地方。

我当时在房顶上跟自己讲，我将来一定要通过自己的方式去，而且我能在北京生活得更好！

当时我并不知道这件事对我人生的深远影响，我只知道自己在内心种下了一颗种子，我要去北京！

我要靠自己的能力去北京！我要生活在北京！内心这颗强大的种子一直在不断地茁壮成长，这种潜意识和信念的强大力量改变了我的整个生命轨迹。

现在，我在北京拥有了自己的房子和让人羡慕的工作，我的生活终于活成了我想要的样子。我是当时那些小伙伴中唯一的大学生，也是唯一在北京拥有自己的房子和生活的人。

这件事对我造成的潜在伤害也是很大的。

在后来与人交往和沟通的过程中，我发现了自己的问题，就是我特别喜欢强者，不喜欢弱者，如果有人比我强、比我优秀、比我厉害，我就愿意听他的观点、吸取他的建议、跟他一起成长。如果比我弱，即使他给我的是很好的建议，我也不喜欢听、不采纳，反而认为他是废话，没有耐心听，更加看不起对方，不愿意跟他沟通和交流，从骨子里就对对方开始排斥和否定，根本就不能静下心来好好地跟对方沟通和交流。

为此我曾咨询过心理学老师：我为什么会这样？为什么有一些人没有惹我，没有得罪我，有的时候他们还在帮助我，但是因为他们某些行为我看不惯，我就认为他们各方面不如我？

有的时候我觉得自己太势利、太功利，只喜欢跟强者、跟能够跟我发生利益关系的人做朋友，而不愿意跟弱者、表面上看起来不能帮到我的人做朋友。

心理学老师就跟我讲，这些是因为在我小的时候，我内心深处最柔弱的部分曾经受到过人们爱强欺弱的心理的伤害，这些潜在的伤害其实一直伴随着我，好的方面是这种良性的信念成就了我，但是负面情绪也一直在伤害自己和身边的人，以至于我现在为人处世喜欢强者，不喜欢弱者。

当我了解到深层的原因后，我愿意尽最大努力去改变自己，去聆听自己的内心，主动跟一些弱者去沟通、去交流，让自己静下来，打开心门。

这件事情对我人生最大的影响，我觉得好处部分就是让我不断地追求更强、不断精进，让我自己变得更优秀。坏处就是不愿意看到别人看不起我，不愿意在同等条件下被别人丢弃。我不断地在公众面前表现自己，让自己随时得到关注，让自己随时不被忽略。

这种不好的负面情绪带给我的损失是，让我远离了很多正常人的生活，让我看起来不那么好接近，还有就是让别人觉得我比较势利，让我不是那么有人缘。

名媛手记： 所有的经历其实都是不断地在给自己的油箱里加油，感谢一切的经历和过往。

对不起！请原谅！谢谢你！我爱你！

我的行动计划

通过这一节的分享,你学到了什么?又准备做点什么来提升自己呢?趁现在还有印象赶快写下来吧!

第三节 曾经的苦难会铸就你内心的强大信念

内心的强大才是真正的强大，才是我们办事、沟通、交流、做销售、带团队以及做企业能够顺利成功真正的核心所在。没有强大的内心，后续的很多事情都无法坚持到底并取得成功。

我做了 8 年的销售冠军，最重要的一个核心点就是内心的强大、坚定的力量和无畏的心。这不是用简单的语言可以描述的，更不是满世界鼓吹的概念和成功学，它是生活中的一种深刻感悟！

为什么我能在 8 年的过程中承受那么多人的挖苦、讽刺、拒绝以及所有的看不起？因为我们有一颗坚定的心，有强大的信念力量。

在这 8 年开展信用卡销售的过程中，我去到各大国企机关、企事业单位、上市公司、500 强公司。只要进一个单位就有摄像头，还有保安、前台人员严格的安全把控，因为我们的工作性质，我们必须要越过所有的这些障碍（首先要躲过头顶上的摄像头）进到客户的单位，才有可能见到潜在客户！先不说客户如何拒绝我们，客户如何不办卡，先说外围环境对我们来说是多么的复杂，多么的艰险，多么的难以克服。

这就像电视剧里的特种兵部队一样，先不说这些特种部队和特种兵如何在一些特殊的困难环境下去对付敌人，也不讲武器、策略、方法、技巧、经验，先看他们所处的恶劣环境：有的时候在冰里埋着；有的时候在水里潜伏多个小时；有的时候一天一夜不睡觉，经受各种风霜雪雨。

比如说，狙击手要狙击敌人，要不断地潜伏，不断地等待，可能要一天、两天，承受着夜晚上的寒冷、下雨冰雹，要经历外围条件的严酷考验。要想圆满地完成任务，必须要有强大的毅力，还需要掌握一些专业技能。

我做销售其实也是这样。做销售要了解所有销售场合下的摄像头、保安、前台，避开这些才能进到客户单位。

即使进到单位内部，要是碰到了保卫处、物业部、特别严格的一些人，他们为了整个单位的安全考虑，也会让保安把你请出去。

或者是有一些客户觉得你耽误了他时间，占用了他办公室，或者你没跟他打招呼，在这种情况下，我们要像狙击手狙击敌人一样，克服重重困难，来到客户面前。

这一切的前提基于我们要有一颗坚定和强大的心。那么，这颗心是如何练就的呢？每个人的家庭环境和背景不同，每个人练就的方式和方法也不同。我要跟大家分享的是，我是如何在高中学涯完成这些历练并获得成功的方法和技巧。

我从小到大都生活在农村，妈妈是我小时候的榜样，不管家里有钱还是没钱，妈妈一直都很艰苦朴素，这么多年从来没有一件像样的袜子，从来没有一件像样的衣服，衣服也都是带补丁的，妈妈为了省一元的公交车费可以走五里路，也可以一天不吃饭，只是为了省一碗面钱。

曾经为了给我们几个孩子挣学费，妈妈大夏天在玉米地里掰玉米中暑昏倒，为了省水钱一瓶水都舍不得买，从小到大这些我都看在眼里，上高中的时候我就已经非常懂事，知道为妈妈分担一些。

我的舅舅非常有先见之明，他说孩子生长在农村，但学习最好可以去城里，他鼓励我一定要到市里上高中，本来我的学习成绩可以上县一中，县一中在我们县是非常好的一个高中。但是舅舅建议我要到市里而不是县里上学，为什么呢？首先它的城市级别就高一些，舅舅愿意让我来一个更好的环境和能量场里边，于是舅舅就通过关系，把我调到了唐山市的第二重点高中。

唐山市第二重点高中的学生家庭经济条件都非常好，可以说我是我们学校100个人中排名倒数前五名的家庭背景。

和这些家庭条件比较好的同学在一起的高中三年生活里，我从来没有买过一瓶饮料喝，也从来没买过一瓶矿泉水，每次上完体育课或者平时口渴我就在开水房接热水喝。

那时候我觉得喝饮料和矿泉水就是有钱人该享受的生活，觉得是一种身份和地位的象征！

那时候我发现好多喝完的饮料瓶在教室后边堆成一堆，我就在课桌旁边放了一个大塑料袋，把这些饮料瓶子都放进去，我跟同桌和旁边的人讲："你们喝完的矿泉水瓶或者饮料瓶可以放到这个袋子里边，这样既不乱扔，我还可以卖一点钱。"

接触我的同学知道我是农村来的孩子，平时靠勤工俭学赚点学费，有些同学就愿意这么做，他们说不能在经济上帮到我多少，这样也算是能帮我吧，所以有些同学就这么做了！

我从高一开始就这样收集饮料瓶换钱，尤其是上完体育课后，我会收到很多的矿泉水瓶和饮料瓶，特别开心。

在这个过程中，我也会遇到很多鄙视我、看不起我的目光和举动，有的时候他们故意把瓶子扔到教室的后面或者外面，不论他们扔到哪里，即使很远、特别脏我都会把瓶子捡起来，放到我的塑料袋子里！但这些不友善的举动给我当年的心灵带来了巨大的伤害。

每天放学的时候，我把袋子里攒的矿泉水瓶和饮料瓶拿给宿舍的管理员，我记得当时根据大瓶小瓶不同，她有的给我六分钱，有的给我八分钱，宿舍管理员可以再往外卖，她一个瓶子能卖到一毛钱，她赚其中两分钱的差价。

有的时候赶上别的班上体育课的时候，在垃圾桶旁边我还要捡几个瓶子回去；有的时候我去别的教室上自习看到后边有饮料瓶，我都会把它捡起来拿回宿舍。

有时候没有找到宿舍管理员，我会把好几大袋子的垃圾瓶堆在我宿舍的床底下，同宿舍的人有个别不满意的，就会说我或者拿眼瞪我！

高中生活中我承受了很多同龄人所不能想象的、被别人唾弃和鄙视带来的内心上的煎熬。

那时候就我知道，作为一个农村的孩子多么的不容易，多么的受煎熬，内心是那么的无助和自卑，客观情况是自己的家庭本身确实没有经济实力，但是这些对于正处在青春期的花季女孩是真的很难承受的！

每每自己想做一个爱做梦的花季女孩，但被别的同学鄙视的举动伤害时，我很多次都想放弃！

每当我要放弃的时候，我就想到了爸妈扛着一袋子又一袋子的玉米从这里装到那里卸，还有妈妈在玉米地里昏倒的情景，爸爸在风雨中仍在等车、工作的情景，妈妈为了省几元的面钱一天不舍得吃饭，为了省一元的公交车费走几里路的情景……

当这些情景在我的脑海中浮现时，我觉得眼前的这些创伤与挫折都不算什么！

我觉得自己心里的这点煎熬才到哪里，今天能够在明亮的教室里边学习，我能够用我的知识为自己的将来创造财富，能享受这么好的环境、这么好的暖气（农村老家很冷，冬天都是生炉子，生炉子也只能是炕上不冷，屋里屋外都是冷的，打开水龙头全是凉的，冬天的手冻得跟包子似的），在学校打开水龙头的水都是温的，想到了这里，我就觉得能够承受当时所经历、所承受的所有东西。

所以我不在乎同学的眼光，也不在乎同学的看法，我什么都不在乎！这样想的时候，我就能承受当时所有的煎熬，这些经历带给我完全不一样的体验和感悟！

我愿意承受这些东西，我相信我能逾越所有的这些障碍，我相信我最后一定能够有所成，能够用我自己未来的好成绩回报我的父母！

我相信，这些小小的挫折和痛苦压根不算什么，它们只是我生命中的一种经历，我坚信我能从中得到锻炼并受益！所以之后我再受到同学的这种鄙夷，不论他们怎么看我，我依然做我自己想做的事情，我依然捡矿泉水瓶，一直捡到我高中毕业。

在高中的时候，我吃饭从来都不打菜，都是吃从家里带的咸菜，因为菜特别贵。

我经常去同一个窗口打米饭，那个窗口的师傅认识我，他知道我家庭条件不好，买不起菜，盛米饭的时候会给我特意多盛一点点，一勺盛得满满的、尖尖的放在我的饭盒里，我特别感动。

有时候，食堂口的大师傅会给我一些菜汤，把一些西红柿鸡蛋汤或者是白菜粉条炖肉的汤放一些到我的饭盒里。

这些汤对我来说都非常的珍惜，对我来说，这就已经是非常难得的美味，是非常好的一种善待，是对我的一种鼓励。每次我躲在角落里就着米饭喝这些汤，别的同学都吃特别好吃的饭菜时，我一点儿都不羡慕他们。

当时有一些同学是我特别好的朋友，她们特别懂我，人也很善良，他们生活条件优越惯了，打到的菜吃两口觉得不好吃就不爱吃，就会跟我说："名媛你来吃掉好不好，要不然我倒掉，你不吃也浪费了。"

她们也知道我的情况，我能感觉到她们是真的在关心我，有好多的同学特意多打一个菜，说自己就想多吃一些，吃不完就让我帮她们吃完。

也总有一些人在用另外一种形式关心我，但她们又不能明显过多地关心，太明显我就会觉得她们是在可怜我！

这样，我会更难过。这些帮助我的伙伴和朋友我到现在都还记得，感恩他们！

高中三年我得到了无数人的鼓励和支持，这种温暖，让我的内心充满了力量，让我有信心、有力量一直不断前行。我现在经常告诉自己，内心的善良和爱，我一定要一直保持下去。

我告诉自己，要像当年很多人帮助我一样去帮助别人，不要伤害别人的自尊心，一定要鼓励那些在艰苦的环境下愿意承受各种心理压力不断成长起来的人，帮助他们得到自己想要的结果。

我分享这些在别人看来是苦难的高中生活经历，是想说，小的时候你内在的这种坚定和力量，以及你人生经历的所有一切，都有助于你的成长。没有曾经的那些经历和故事，我就无法炼就一颗强大的内心，就不可能有我8年的全国冠军。

所以还要感谢我捡饮料瓶的经历，给了我内心强大的力量，因为我突破了自己！

名媛手记： 内心的强大才是销售真正伟大、成功的核心，根本是坚定自信心，这一切都是根本，都是精髓。当然，方法、技巧、策略也很重要。

我的行动计划

通过这一节的分享,你学到了什么?又准备做点什么来提升自己呢?趁现在还有印象赶快写下来吧!

第四节　如何在大学卖报纸也能开创出自己的一片天地

大学生涯的第一年，你是怎么过的呢？是不是感觉一切都很新鲜，忙着参加各种社团活动，忙着交朋友、选修各种科目？是不是还要谈谈恋爱，很多甜蜜的小瞬间让你看到这里会心一笑？

考上大学是每个年轻人的梦想，金榜题名也是每个普通老百姓对自己子女的期盼。很多不富裕的家庭为了孩子上学勒紧腰裤带，省吃俭用。富裕家庭的孩子上大学就要幸福得多，可以随心所欲地在大学里按照自己的想法活着，每个月最发愁的也只是怎么向家里多要一点自己提前透支的生活费。

当时大学里曾经流行很多想尽办法向家里要钱的段子，有短信版的："亲爱的爸爸：祝您生日快乐，可惜我连最后一枚硬币都用完了，今天中午打算喝凉水充饥，除了祝福我还能送您什么呢？"

家书版的："亲爱的妈妈，最近北京的商品都在涨价，搬运工的待遇也涨了。我们班就有同学去当搬运工了，我也打算去，虽然每天都累得半死，还有被砖头砸破脑袋的危险，但是自己挣钱自己花的感觉真不错。反正我钱包也瘪了，豁出去了。"

电子邮件版的："最近学习很忙，考不完的试，过不完的级，天天看书到深夜，感觉头晕眼花，浑身无力，同学们都劝我不要那么用功。但是作为一名学生，不用功怎么行呢？不用功怎么对得起父母？所以我要继续努力。不过，最近买英语磁带把钱都花光了，北京这边的参考书很贵的，听同学们说，某种营养品可以补脑子。"

电话版的："爸，嗯，我这次钱又没计划好，下个月一定不会了。"

最经典的是有个同学每次电话一打通，刚喊完一声"妈"，电话那边就沉着冷静地说："说，多少钱？"

这些都没机会在我身上发生，上大学的第一年，我只向家里要了自己的学费和住宿费，之后我就再也没有跟家里要过钱。

为给家里减轻负担，大学一年级的时候我做过好几次的英语家教，放暑假的时候我做2~3份英语家教，虽然累，但我觉得很值得。因为通过做家教我赚到钱，养活了自己，减轻了父母的负担，还在实践中提升了自己的英语水平，我觉得过得很充实！

有一天做家教回来，正在宿舍里休息的时候，突然宿舍的门被打开，一个姐姐走了进来，她向我介绍自己是唐山市《英语辅导报》的总代理，问我愿不愿意来卖这个报纸？我心想，你怎么就直接进来推销了呢？

我们宿舍，正好是在楼梯口的位置，只要上了楼梯口想找学生干点事，做推销啊什么的，我们宿舍是首要目标。她给我介绍了《英语辅导报》的一些情况，我当时觉得这事可以干。

记得当年订一年《英语辅导报》的价格是72元，一年52周，每周1期。这个大姐跟我说，其实我要做的很简单，就是帮她卖报纸，比如说学生订一年的《英语辅导报》是72元，她批给我是50元，让我赚22元的差价。

我要做的就是先把学生的钱全收回来交给她，她拿了这笔钱再去订报纸，她订完报纸再把报纸发给学生，程序很简单。但我突然就想到一个问题，如果我把学生的钱收过来交给你，万一你拿着学生的钱跑了，我怎么办？

她说："你可以去调查我。"我说："调查的成本与时间太多，我也做不到。"

我就跟她说："这样吧，你到学校来找我了对不对？我给你看我的学生证，我把报纸订完了，你要相信我的话呢，钱放在我手里，然后我告诉你一共多少份，你就给学生发报纸，学生订的半年期的报纸全到位，我给你结算半年期的钱；学生定的一年期的报纸全到位，我给你结算一年期的钱。你要信任我，我就愿意帮你办！"

可能因为她是第一次在我们学校这边开发市场，或者是她之前也开发过但效果很差，没有订出去多少份报纸，报纸不多也就没多少钱，她垫一些钱也无所谓，所以她就痛快地答应了。

我们就这么商量好了！

开始卖报纸后，我突然又发现了一个问题！

我要让报纸卖得好，得打口号，我要让《英语辅导报》跟英语四级考试有关联，因为那时候的学生只关注四级考试，所有人都为四级做准备。我就想这么说："《英语辅导报》这份报纸有助于大家考过英语四级。"这样肯定能说到同学们的心坎里。

那时候我怎么卖报纸呢？一般中午吃饭在12点左右，下午1点半学生们要睡觉，所以我一般从中午12点到下午1点10分一直在工作，去每幢楼每个宿舍推销报纸。

在推销报纸的过程中，我会利用人们的趋同心理和从众心理。一开始，我要问一个特别感兴趣的学生，并介绍一下我的身份。

说完就一定有同学感兴趣并提问，我一定要回答那个问得最积极的人，第一个把他搞定，一定就有第二个、第三个跟风。当有人感觉好、想买报纸的时候，他一定是有点动心，但是还会犹豫要不要买，一个宿舍六个人我觉得有2～3个人已经感兴趣了，我就再加一把"火"，我就会说："既然你们大家这么多人都想买，平时一份报纸订一年是72元。如果你们三个以上的人订，就算批发（现在叫团购），一份报纸订一年只要68元。"对于学生来说，便宜一两块钱他们都会很开心。

人们不喜欢买便宜的东西，但人们喜欢占到便宜的感觉，我就让这些学生有占便宜的这种感觉。一个宿舍接一个宿舍，我成功地把《英语辅导报》销售出去。

这段卖报纸的经历给我的启发就是，我觉得人是在不断的成功过程中有了赢的体验，然后就不断地增加自信。人的不自信来自于人的恐惧，人的恐惧来自于缺少这种赢的体验，如果有了赢的体验人的自信心会越来越强。

我走一个宿舍大概需要20分钟，一个小时的话就可以去三个宿舍，每20分钟一个宿舍卖五个人，一个人我拿到的差价是20元，一个宿舍的话就可以赚100元。效率高的话，我一个小时可以赚到300元左右，甚至更多！我之前在高速公路边、在大太阳底下拔草一个小时才挣5元，这种结果给我的冲击是完全不一样的，所以我的动力就更足了！

在开学后的一个星期内，我就全部完成了报纸的销售，为什么呢？

因为到第二个星期、第三个星期，各种推销都来找我，《英语周报》的来了，字典的也来了。

给学生的第一印象很重要，当人们不断地渗透这种东西，他发现东西太多的时候，就会选择抗拒，待在自己的舒适区内不想选择。

所以我抓住的时机特别好，总是在别的人想出动的前一个星期，我就完成了报纸的销售。

我选的时间点特别好，都是学生集中度比较高的时候，我把控人的心理以及集体团购给到的优惠的点也做得好。在刚开学的时候做得也好，不是各种铺天盖地的广告，而是以学姐的身份来进行引导。结合这些加上我又特别努力，就迅速抢占了学校市场，赚到了足够多的钱！

当把整个市场全部完成后，我就告诉那个代理《英语辅导报》的姐姐订了多少份报纸。她只管给我多少份，不管具体发给谁，统一的几百份报纸全部发到我手里。

我拿到这些报纸之后，再交给一个学生。那时候学校有一些学生要做勤工俭学挣生活费，我就把这些报纸交给这些学生，让他们发报纸，一中午很快就能发完，我每次给他们五元或十元，他们特别开心。

发报纸的学生觉得有了勤工俭学的工作很感谢我。

我是怎么做男生市场的报纸发行的呢？

我是学校某协会的主席，我就找到我们系，然后让系里再召集各个班的班长到一起,大概介绍一下这个业务(其实这在今天看来也是公众演说),说《英语辅导报》有多好。

然后,我跟各班的班长讲,你们自己单独订的话是72元/年,如果整个班级定的话是66元/年。他们有的时候就组织全班订报纸,这样像团购一样一层一层地组织。

这个跟我办后来的信用卡业务组织团办有相似之处,或许那时候我就有了思维,应该这么做业务。就这样我用团购的形式完成了学校《英语辅导报》的发行,赚到了足够多的钱。

第二年开学的时候,也就是我上大二的时候,做了一件特别轰动的事情,就是帮助《英语辅导报》打开了整个唐山的市场。因为以前的好几个代理商从来都没有打开过这个地方的市场。当时《英语周报》一直占领唐山市各大院校学生市场。因为我的参与,《英语辅导报》在我们学校竟然卖出了那么多份。

第一年我做习惯了之后,第二年我又做了唐大、煤一等,把唐山的几个学校都做了。而且我帮助《英语辅导报》彻底站稳了英语领域的学生市场。

赚的那些钱已经足够我大学几年的生活费,甚至我还拿出一部分钱贴补家里,所以我到现在很感谢这段《英语辅导报》的卖报经历。或许这也为我后来在华夏银行销售信用卡、在营销方面取得好的成绩奠定了坚实的基础。

名媛手记: 冰冻三尺、非一日之寒。很多朋友说名媛你太棒了,你每次都可以做到3分钟成交。我想说的是,你看到的是3分钟,你应该想到这是我15年的沉淀在3分钟的展示!

从今天开始,静下心来去学习销售的基础知识,用心去发现生活中的机会,很快你也可以。

我的行动计划

通过这一节的分享,你学到了什么?又准备做点什么来提升自己呢?趁现在还有印象赶快写下来吧!

第五节 没有不可能：大学二年级就成为会赚钱的"律师"

小时候我就有当律师和记者的梦想。

我觉得当记者可以报道各种事件，特别的酷。想当律师是因为我小的时候看电视，里面老演那种律政公署，那些律师为了一些错案冤案运用缜密的思维发现真相，打赢官司，特别酷！

因为这个原因，大学的时候我选择了学法律，别人也说我嘴皮子特别好。

大学一年级开始我就跟别人不一样，除了卖报纸基本上都在参加学校的各种社团活动，什么都跟着师兄、师姐们一起干。第一次做外联去接触人、拉赞助，我觉得很好玩，和之前的高中生活不一样，感觉特别的新鲜。

大学二年级的时候，我决定去律师事务所实习，我问师兄、师姐要怎么做？他们都说大三、大四才能实习。我说不应该，要是大二开始实习，到大三、大四我不是可以学到更多东西？

所以，我就去自己找律师事务所实习。我一个人骑着自行车在唐山的街道上找，看到律师事务所就进去跟他们说："你好，我想给你们当实习生，你们这里要人吗？"然后人家就问我："你大学几年级的？"

我说："我是唐山师范学院大学二年级的。"律师事务所的人就说："大学二年级实习，你会干什么？"

我说："我可以帮你打字（其实我现在的打字水平也不高，如果当初他招聘了我，让我打字或许现在我就锻炼出来了）。"然后那个律师跟我讲："你给我打字？你知道吗？我写一个文案脑子中想完了我就打出来了，我说的时候你打字还不够费劲的，我不需要帮我打字的这样一个人。"

去过的好多律师事务所就跟我做信用卡推销工作一样，都给予拒绝的回答："不需要！"全是这样的！还好这个人愿意跟我讲话，他告诉我不需要的原因，原来是律师可以想完就直接打完，不需要人打字。

但是我没想放弃，我觉得他不需要并不一定别人不需要，可能是这家律师事务所太小了，不需要实习生。

于是，我就在唐山的百货大楼那里找了一个特别大的律师事务所，我现在还记得这个律师事务所的名字叫卓远律师事务所。

当时，我已经经受了好几次打击，就想着不成也无所谓，反正一天的时间都快过完了，跑到晚上都不接受我再说，我得经历这个过程。于是敲门后我就进去了。

进去后，我发现正好有个律师在，就对他说我要找实习的工作，那个律师对我说："你找实习的啊，那你在这里等会儿，我们正好有个小姑娘这两天要司法考试，她没时间上班，你过来帮着我们接待一下。"就这样我轻轻松松获得了实习的机会。

当时律师事务所的一个内勤正好这段时间要参加司法考试，她想回家全身心投入备考，律师事务所正好需要换个人，刚好那时我就出现了。

律师事务所连我什么学生证、证明都没有看，就让那小姑娘跟我接洽、交接一下。

那个小姑娘告诉我平时主要负责打扫哪里，然后有人来咨询的话引导接待一下，有些税务的单子，需要统一报税，律师有一些案件、案源需要往法院、检察院送。

律师事务所后面就是法院，隔条马路挨着的邻居就是检察院和司法局，都在一块儿。正常早上9点上班，到下班时间律师事务所律师会告诉我，中午大家一起吃饭，楼下有个饭店，我负责给律师订餐并定时结算餐费。

她交代完这些事情后，告诉我有什么特殊的、不明白的事就给她打电话，这样我就顺利地进入律师事务所实习。

进律师事务所实习让我觉得最便利的一件事就是律师事务所有好多电脑，上大学的时候我没有给自己准备电脑，当时用电脑、上网都特别不方便。这回可好，律师事务所里面的律师几乎每天都不在，我可以随便用电脑。

用了三五天的时间我就摸清了律师事务所的规律，基本上律师们都来得特别早，我9点到的时候好多人都已经到了。

律师事务所有包干和合伙两种形式。合伙的形式就是两三个人组成一个律师事务所，共同花钱租场地，大家共负盈亏。包干的形式就是单干的律师得挂靠一个律师事务所，然后每年给律师事务所交一部分钱，就可以用律师事务所的名义接案子、盖章用章。

我们律师事务所有两个办公室，张律师是律师事务所的主任；他一般在自己的房间待着，白律师是律师事务所的合伙人。

张律师是一个特别古板的人，在整个律师行业大家都知道。我后续去司法局办事一说张律师这个人，他们都知道他是一个刚正不阿的人，但是他打官司人家都佩服他。

一般有些人太正直了就不行，不是被整合，就是被吞没，但张律师不是，他很少请客吃饭，连喝酒都特别少，偶尔才有。我跟张律师说话说得特别少，一年的时间也就有数的几句话。

有一次例外，是张律师10岁的女儿来律师事务所玩说饿了，他就说："小乔你带我们家那谁去超市，帮我买点东西给她吃。"说完，张律师递给我钱。平时张律师很照顾我，每次吃饭从来没有让我花过钱，我就想着不要这笔钱了。

结果张律师说："小乔你得拿着，你不拿着以后别来上班了！"还非得给我这些钱。当时,张律师给的还比花的多,他当时给了我两百,买东西才花了一百多元。印象中张律师这个人挺威严的，说话很少。

白律师就不一样了，他是一个特别随和、爱开玩笑的人。他绝对是在商场上协调处理各种关系特别游刃有余的人。平时我跟白律师说话交流得最多，问他的私人情况也多，学习上问他的也多，他特别随和。

律师事务所还有一个人叫艾律师，这个人特别小气，吃饭从来都不给钱。律师们一起吃饭都是轮流掏钱，我实习又不用掏，但就这个艾律师每次吃饭的时候不是忘带钱包了，就吃完借着打电话溜走了。

有一次他还说这菜怎么怎么不好吃，连一向不爱说话的张律师急得都说："你这个从来不掏钱吃饭的人哪有资格评价菜的好坏？"然后艾律师也不说话。

为什么谈到艾律师这件事情呢？这跟我在律师事务所后面发生的一件对我影响很大的事情有关。

我在律师事务所实习的时候，负责一些打杂的事情，有些人来律师事务所咨询就接待一下。一般我就说："您稍等一下，我去给您找律师，您是谁的客户？"

后来发现很多人过来咨询的是离婚案、遗产案等这类民事案件比较多。其实我在学院民法都学完了，所以这些案件我都会解答。

但是人家问我是律师吗？我又不是律师，小姑娘扎个小辫子在那里显得不像律师。

张律师从来不做法律咨询，特殊情况下白律师可能会出来解答一下。只有艾律师特别爱来解答，因为咨询一次100元，如果后续案件需要进一步处理，还有这个案子的提成。

但一般咨询的人我发现都经济条件不太好，所以说也就只能赚这100元。

艾律师每次都出来赚这100元，当时这100元是所里拿40%，也就是40元，40元就放在所里的柜子里，每次咨询完大家都自己放进去，作为所里行政上的订书器、垃圾袋、扫把等这种基本支出。

每次只要咨询的来了，艾律师就出来，他喜欢挣这笔钱，因为刚开始他好像没有案源。

有的时候他们都不在，有人来咨询，我一般会讲："律师不在，请您下次再来。"后来我就不这样了，就直接帮他们解答，我就当实习锻炼了。帮他们咨询解答，我觉得还挺有意思的。

有一次张律师就说了："小乔啊，你这么做是不行的，我们律师事务所可不是慈善机构，你说你免费咨询，过两天你走了怎么办？都来找我们所咨询，我们再收费就没法收了，你不能这么干啊！"

我都不知道原来还有这个情况，等我走了大家会形成免费咨询的习惯。

然后张律师就说："你这样吧，你呢虽然不是律师，但你基本上也能回答对，以后只要有人来咨询，你觉得你可以回答你就回答，你要不能回答你就不要回答，请在的律师来回答，你回答的你就留下60元，40元也放所里，你跟大家一起分。"

我太开心、太激动了！因为这是张律师对我的一个认可啊！张律师这个人要么不说话，要说就是那种丁是丁卯是卯的话，所以我特别开心。

那时候我一天可以接待两三个来咨询的客户，一个客户咨询挣60元，两三个咨询的就可以赚180元，当时非常开心！

那时候我平时做家教一个小时只有20元，同学有的时候一个小时才10~15元，然后还要跑到人家家里，做完家教再跑回来，来回4个小时就没了。

我在律师事务所吹着空调，风吹不着、雨淋不着，还能玩会儿电脑，有人来咨询，一会儿就挣100多元，对我来说，这笔钱真的太多了！

我觉得当律师赚钱多且很有意思。那时候我觉得特别有成就感。然后，他们来咨询问我的问题，如果不会我还能问老师，还可以在律师事务所用电脑，每天吃饭还有人管饭，而且吃得比学校食堂的饭好多了。有时候晚上律师有些特别大的饭局也叫上我，我觉得这种生活真的特别美。

名媛手记： 凡事只要不放弃，即使看不到希望也要奋力一搏，辛运总会在某个角落等着你。

我的行动计划

通过这一节的分享,你学到了什么?又准备做点什么来提升自己呢?趁现在还有印象赶快写下来吧!

第六节　可能会让你毁灭的情感错觉

在大学时你有没有向往拥有自己纯洁的爱情？或是刻骨铭心到像那段最经典的台词一样："曾经有一份真诚的爱情放在我面前，我没有珍惜，等我失去的时候我才后悔莫及，人世间最痛苦的事莫过于此。如果上天能够给我一个再来一次的机会，我会对她说三个字：我爱你。如果非要在这份爱上加上一个期限，我希望是一万年……"

在上大学的那几年，校园环境还是很纯净的，大家表达感情的方式也很含蓄，发生过因为没有开口表达而错过的美好，我也一样傻傻的暗恋过。

在准备考研的时候，我经常去自习教室学习，那时我碰到了一个很帅的师兄，这个师兄一米八多的个头，长得挺帅的。我天生特别爱观察人的细节，这个师兄有一个细节让我特别感动。

你有没有注意过，如果你把手机直接放在桌子上，手机一响整个桌子都会跟着共振这种情况？

如果是你一个人的时候无所谓，但是如果别人和你在同一张桌上写作业就会受影响。我有一次跟他在一张桌子上学习，他就在我俩桌子之间放了他的手套，然后再把手机放在手套上面，手机响起来震动的时候声音就特别小。

当时这么一个小小的细节，让我感觉这个男人太有素质了。我莫名其妙地就特别想跟他一起上自习，希望每一天自习时能够见到他。

后来我跟他聊天，才知道他是河北大学的，老家在唐山，他大学已经毕业了，又重新来参加司法考试，重新参加考研，才来唐山师范学院学习，他感觉还是学校里学习氛围好。

我这个人特别爱主动跟别人打招呼，爱主动和别人沟通交流，可是对这个师兄我竟然不太敢跟他讲话。这种感觉挺奇怪的，我不知道当时怎么就跟中邪了一样。

我们系一直使用二层的教室，我大概观察了一下他的规律，发现他总去我们系的教室，那个时间点他总在那里。

我学习不太有规律，特别忙，大学要搞社团，还要参加律师事务所、法院、检察院的实习，然后还要做家教，我也要参加考研，所以我挺忙的。但我观察到他老在那个位置后，我也在那个时间、在那个位置上出现。

我就觉得我喜欢上了他，但不敢跟他讲，不好打扰他学习，忍不住地会想他。

为此，我找历史系的一个老师聊天，她跟我关系特别好。我去她家里吃饭，说我的想法及变化，我说："老师我不能去学习了，我太怕见到他了，见到他我的心就怦怦跳！"老师已经看出我的想法，说："赶紧去表白吧，你人在我这里，你心都没在这里，你不去表白，你这样多难受。"

记得每次我在进教室前我一定要去趟卫生间，看看自己穿衣打扮是否合适，然后才鼓起勇气走进教室，看到他在那里，心里就感觉特别的踏实。每次我都想让他看到我的时候看我并跟我说句话，希望他是关注我的，但我又担心影响到他学习。这不是我本意，我就一心想为他好。

在教室学习，大家经常要打热水喝，教室离我们水房走路要走七八分钟，我每天就拎着个大水壶去教室，从早到晚我拎一壶水，那时我水喝得也多，确实也是为了自己方便，但也是为了他，这样他就不用去水房接水，直接就可以喝了。

他出去接电话或上厕所的时间，我就会把他的水杯倒满水。我不能在给我自己倒水的时候给他倒，他正在学习，总要表示一下客气就会影响到他，我在他上厕所或打电话的时候把他的水杯倒满水，他回来的时候我也不看他，这样的话他也不用理我，就不会影响到他，这时候他发现水杯已经满了，很开心。我就做了一系列我能帮他做的事情。

我晚上吃饭本来就少，有一次晚上我根本就不想吃饭，其实平时吃的时候给他带点饭也就算了，那天晚上尤其不想吃饭，但是我看他中午就只吃了一点糕点，我觉得一个大男孩吃那种东西肯定吃不饱，晚上还要上好几个小时的晚自习。所以我就跟他讲："师兄正好我要去吃饭，我在食堂给你带点吃的好了。"

学校有两个特别抢手的饭菜：一个是鸡蛋饼，一个是凉皮，你不排个几十分钟是排不到的。为了吃鸡蛋饼有的人早上就特别早起床，还有的人就专门去排队，尤其中午和晚上吃饭的点几乎排不上鸡蛋饼。

那天这个师兄不知道是怎么想的，我问他要吃什么，他竟然跟我说要吃鸡蛋饼。我从来都没有为自己去排过队买鸡蛋饼，因为我觉得排队太浪费时间了，我是一个特别重视时间的人，绝不会为一些没有意义的事情去耽误时间。但那天为了他，我在六七点就跑到食堂去排队！

我也爱吃鸡蛋饼，那天实在不想吃饭，我都没给自己买，只给他买了一个鸡蛋饼回来。我得是多么的喜欢他。我对他已经有点着迷的状态。

但后来发生的一件事改变了这让我纠结的一切。

后来，我在他手机的钥匙串上看到了他和一个女孩的照片，我就认为那是他的女朋友。本来就预感他是有女朋友的，其实我只是单恋他，我没想着要发展成什么样子，我也想象过跟他表白的情况，但我始终都没有说出口，始终没有迈过这一步。

记得我在最难受、最喜欢、最释放不了自己、最想要跟他在一块儿的时候：那段时间我晚上睡不着觉，睡不着觉我就不在学校待着，因为不能开灯影响同学，当时是冬天，楼道里又太冷各种情况。

舅舅家就在学校旁边，骑自行车也就十分钟到，那段时间有一个多星期我就回舅舅家住，晚上写日记我可以写到凌晨两三点，写我对他的思念，对他的感觉。我用这种方式来释怀我自己，当时那一两个星期都不知道怎么过来的，莫名其妙就产生了这种强烈的感觉和感情。

我最后是怎么劝服自己走出来的呢？

我对自己说："乔名媛，要记得你马上就要考试了，如果你考试过不了，这个师兄这么爱学习，他一定看不上你，这辈子都不可能喜欢你，连朋友都没得做，所以你一定要赶紧调整状态，你必须得好好学习，把考试过了。如果你考试过不了，师兄这么爱学习,你跟他一点儿都不配,不配他的女生在旁边有什么用呢?"

我就这样不断地说服自己,人的感情真好奇怪,我就在当时的环境和感情下,在自己不断自我安慰和说服的情况下,快考试的前两周我突然就释然了!

我全力以赴地备战考试,那次考得还不错,基本都在90分以上,等考试结束了我发现,我没有那么喜欢他了,经过那段也就过来了,也能坦然地叫师兄,后来也能和他像正常人那样聊聊天了。

这是我第一次面对感情,内心时不时波澜起伏。后来这个师兄跟我们一起参加司法考试,在参加司法考试的考场门口我碰到了他。

后来我们聊天时,我跟他说我在法院、检察院还有律师事务所实习,他就想请我帮忙在律师事务所或者检察院找点事做什么之类的,他请我帮他个忙。

我说有机会我帮你问问,其实内心深处我是不太喜欢帮他那个忙的,觉得他有点势利。到最后我都没有帮他问。

我觉得这个人跟我当时想的不一样,所以我没有帮他忙,后来也就不了了之了。我来北京后,就再也没有见过他。

当时聊天时还发生了一个特别逗的事,我说:"师兄,我觉得你的品质特别好,把手机放在手套上减少震动,不影响别人,这种行为让我太感动了,我觉得我应该学习这些细节。"他说:"不是这样的,我也不是故意这样做的,我就是觉得那个手套没有地方放,手机也没地方放,手机放在那里我觉得不占地方,所以就那么放了。"

当他告诉我这个答案后,我顿时对他的好感和那份感情就没有了,人真的是好奇怪!

名媛手记:生活中总是有很多美好的"误会",也有很多让人纠结的情感,处理不好这些,可能会产生巨大的破坏性力量,影响人的一生,改变你的整个生命轨迹。通过我处理这段"暗恋"感情的历程，你得到了什么样对你有帮助的启发呢？

你最美好的人生来自选择，**我们现在的人生现状，都是曾经我们所做某些选择的结果，有些选择需要付出巨大的代价**。那么，怎么权衡利弊、做出有利于自己人生结果的选择呢？让我们下节见。

我的行动计划

通过这一节的分享,你学到了什么?又准备做点什么来提升自己呢?趁现在还有印象赶快写下来吧!

第七节 你最美好的人生来自选择

人生时时刻刻都面临着各种选择，我们当下的生活都是曾经某种选择的结果，或许你认为自己没有做过选择，其实不做选择也是一种选择，你想要获得美好的人生，就必须要慎重对待自己的每一个选择。

你每天醒来都在面对一种选择，按照流行的说法就是，你可以选择创造属于你生命中的奇迹，也可以不做选择默默就这样度过你的人生。有时选择很难，但更难的是坚持你的选择，有时这种坚持也许还会给你带来伤害和打击，如果你的选择是对的并坚持了下来，那么终究有一天，你会迎来自己的艳阳天！

我当年就面临了一次改变自己命运轨迹的选择，我的选择在当时被家里人和所有我认识的人反对。

在反对声中我坚持走过来了，在今天看来，我的选择和坚持是值得庆幸的。

当年在我实习的律师事务所最常见到的是白律师、张律师和艾律师，律师事务所还有一个律师是王律师，王律师是一个包干在律师事务所的律师，主要的业务在石家庄，所以王律师来的次数特别少。

王律师是一个大大咧咧、大手花钱、大方做事的人，他的思维特别敏捷。

王律师几次来律师事务所，看到我在律师事务所实习，交流多了就知道我这个小姑娘比较单纯，工作比较努力，个性也很乐观，性格比较直，感觉我人不错。

有一天王律师的一个同学来我们律师事务所玩，他们俩聊完事，顺便叫我一起吃饭。吃完饭后，王律师就对我说："小乔你看我这个同学怎么样，我同学觉得你性格挺好的，想跟你处对象，你俩处处呗！"

王律师的同学在唐山市的三甲医院做医生，他同学的爸妈都在事业单位，家里有两套房子，他同学的哥哥是法院的。

就这样我和王律师的同学处起了对象。王律师这个同学叫王刚，性格特别温和，长得白白胖胖，人也挺好的。相处了几次我就发现了一个情况：王刚从小到大的生活都是被父母安排好的，从上初中开始就被父母安排进医学院学习，毕了业就直接安排进了医院。王刚在医院工作三天、休三天，相当轻松，他未来没有什么大的发展目标和梦想，觉得现在就这么生活挺好的。

但我不是这样的，我小时候就吃不饱、穿不暖，家庭条件不好，就一直想过一种不一样的生活，想改变命运，过上好的生活。

我将来是一定要去北京的，而我知道王刚的想法是压根就不想离开唐山，一点儿都没有要奋斗的想法。

我跟王刚接触了几次之后，发现我俩的价值观根本不一致，如果是这样的话，我认为未来是不可能幸福的，所以我们处了一个多月我跟他说，我还是得去北京。

王刚也不太喜欢我这种老是想往外跑的情况，这样，大家就比较平静地分手了。后来在来北京发展一年多后，王刚还没有找对象，他就问我在北京过得怎么样？我说在银行上班过得挺好的，他还来北京特意看过我，看我的时候他还想劝我回去。

可是我都来北京发展了，那时候在银行工作业绩已经是销冠了，已经开始往正式员工、往更高的职位发展，更没有要回去的想法。

我放弃那段感情的选择，老家的很多人，包括我的家人和同学是非常不认可的。他们认为：毕业了找一份稳定的工作，找个好老公，这么好的家庭条件，你一个农村的姑娘嫁给一个在三甲医院工作，有房、有车、单位稳定的人，结个婚再生个孩子，这是多么理想的选择啊！

其实我在特别小的时候也想过一定要嫁一个城里人，可是不知道为什么到大学毕业后，这种想法就没那么强烈了，我内心的信念还是一定要去北京。

我心中时刻记住自己的梦想。当时很多人都反对我的选择，如果没有当初的坚持我嫁了也就嫁了，或许现在孩子也有十多岁了，也就没有了我今天拥有的一切：

不会看到外面世界的精彩，没有了我这个连续 8 年的全国销售冠军，更不会有我今天想要的事业和生活。

耳边似乎又想起了那句经典的台词："人没有理想和咸鱼有什么区别！"感谢自己当初的选择和坚持成就了我今天的一切。

名媛手记：人生会面临很多抉择，有的时候会面临诱惑，有的时候是面临伤害，但选择的过程也是取舍的过程。如果你内心对未来的目标很清晰，那么选择就是通过不断放弃眼前的一些小利益，通过不断的坚持专注聚焦在你想要的目标上，持之以恒，通过一次又一次的小坚持，你就终能达成你想要的大目标。

就像写这本书的过程一样，为了写这本书我要做很多选择，我要放弃很多逛街的时间，和朋友聚会的机会，我要放弃看我热爱的电视剧和新上映的大片，还要放弃去会场交流学习的机会，甚至要放弃更多和家人相聚的时间。

但随着坚持、通过键盘的敲击，看着一行行的文字出现在屏幕上，想象着你读到这本书后开心的样子，得到收获后的会心一笑，我觉得这种坚持是值得的，就像当年选择离开唐山坚持到北京发展一样值得。

我的行动计划

通过这一节的分享,你学到了什么?又准备做点什么来提升自己呢?趁现在还有印象赶快写下来吧!

第四章

你也可以从菜鸟变成冠军

不要让假象蒙蔽了你的双眼：没有背景、没有学历、没有资源、没有人脉、不会讲话……觉得自己没有办法成功，认为你看到的销售高手都是天赋异禀。也许曾经的我比你想的这些更惨，跟着这些文字读下去你就会知道，曾经的我基础比你还要差、比你还要惨，但我一步步从不堪走到成功，如果我能，那么我相信聪明的你也能！

第一节　你有没有曾经为了理想寄人篱下

第一次满怀梦想出来闯荡世界，你需要解决的第一个问题是什么？除了考虑工作的问题，第一个需要解决的问题就是住在哪里。

在十几年前网络并不发达的时候，你无法像现在这样在各种招聘网站提前给自己预约一个职位，也不能随时随地和你已经在外面谋得一席之地的亲朋好友取得联系，让他提前帮你张罗好，你并不能确定自己的第一份工作在哪里。满头白发的父母在你出门前能给你的钱也并不多，先找到一个花钱不多的住的地方就成为当务之急。

"北漂"两个字形象地刻画出了初来北京打工的人衣食无依的囧相，初来北京的我也一样。

那时候我妹妹在北京上学，但学校在特别偏的地方。所以我就选择给姨奶奶打电话，姨奶奶在电话里说，让我先住在她家。

初来北京的时候，我是什么样的打扮呢？穿的是大学时候买的一件我个人认为很漂亮的那种迷彩服，不是军队里穿的那种软软的迷彩服，是比较硬的，穿起来比较酷，脚上穿的是一双运动鞋。

我提的是一个帆布式样的书包，包里我还装了两颗大白菜和几根大葱，为什么呢？

白菜和大葱是自己家种的，不打农药，觉得这是家乡的特产。包里边还有一袋带皮的花生，妈妈还让我拎了一桶自己家榨的花生油。我就那样来到了北京。

这些就是老家农村出门给别人带的礼物。那时候我带的这些礼物，我不知道他们怎么看，反正这是爸妈教给我的走亲戚的方式。

我打过招呼说要来北京，他们就告诉我坐火车到哪里，然后坐哪个地铁到哪里。我找了好长时间才找到了他们家，我就以这样的形象出现在他们家。

姨爷爷比较客气地接待了我。姨爷爷是从军队出来的,很正直、很善良,姨爷爷有一个爱好,就是每天都要写毛笔字。

他有一个书房,每天都要在书房练毛笔字。他还有一个习惯,就是每天晚上睡觉前会熬一锅粥,粥里放很多他认为很好的东西,每天早上不论谁几点起来都随时可以盛粥喝。姨爷爷不怎么爱说话,但是每次见到他都是乐呵呵的样子。

姨奶奶是做律师的,我明显地感觉到她比较严肃,我在她身上感受不到太多的亲情与热情,但也看不出她反感我。

姨奶奶安排我和她睡一个房间,大表叔(姨奶奶的大儿子)住一间,姨爷爷他自己住一间。我在姨奶奶家住了七天的时间。

在这七天里,我每一天都自己出去找工作,早上吃点姨爷准备好的粥和面包就走了,晚上回来赶上吃饭的时候我就吃一口。

有的时候我觉得住得特别不舒服,就不想吃她家的饭,晚上回来有时候我就说吃过了。有一次晚上八九点回去的时候,正好家里的我表姑来,大家都在吃饭,吃得特别丰富。表姑说吃过了再吃点,还非得强行让我吃点,其实我还没吃饭。

跟表姑、表叔他们聊天那次,我刚好找到了百度的工作(我去人才市场两三天就找到工作了),我说找到了一份工作,在百度上班。他们都觉得百度挺好的单位,在那里上班挺好的。我说还有保险、公积金,转正之后工作还是不错的(后来才知道在百度上班不是这样的,下节说),我当时也觉得很好。

表叔说:"其实我跟你爸爸关系特别好,我不知道你喜不喜欢当公务员,如果你喜欢的话,我这两天再帮你打听,我不知道你对这事有什么看法和想法?"

表叔的意思说,当初小的时候,跟我爸爸关系特别好,现在我投奔他来了,他也不能什么都不做对不对?所以他准备帮我找个单位,让我好好上班。

我第一时间就拒绝了表叔。

表叔还带我去做了一次头发,他说:"你的头发不好看,你都来北京了,应该烫头发。"然后他就带我去一个他经常理发的地方做卷发。那个理发师据说很厉害，周围的邻居都找他。做完之后，我当时发现好漂亮，但第二天我就发现怎么这么难看，那个卷那么小，显得很老气。

在亲戚家住的这几天，我总感觉跟他们格格不入，我早上都轻手轻脚起床，然后再自己走，晚上我想洗澡的时候，她家里的东西多，我也不知道我能用哪个，不能用哪个。

我觉得这个环境让我特别压抑，有一种特别强烈的寄人篱下的感觉。我感觉特别难受，我不知道未来在哪里，我也感觉不到亲情、温情，回家就有压力，还不如在外面找工作。我觉得这里不是属于我的地方，人家不说我什么，但我总觉得特别别扭，跟他们没什么沟通，放不开。

那种冰冷的感觉让我内心深处一点儿都没有动力，我缩手缩脚的，就像一个受到惊吓的小孩子，不知道在迷茫的地方如何去奔跑和行走？

我记得姨爷爷跟我说了一句话："媛媛你怎么穿这种裤子呢？你以后不要穿这种裤子了，这种裤子真的不好看。"我突然觉得自己就像刘姥姥进大观园一样。

我突然感觉自己的一切都跟这个家特别的不协调，那种自卑和超级没有自信的感觉当时在我的心里越来越强烈。

我身上只有一千多元，我想人生怎么是这样的？我再也不想住在这里了！我想找一个自己住的地方，这样我自己就可以做主，可以跟别人自在沟通，而在这个地方我什么都享受不到。虽然在家里他们什么都没说，但我自己内心那种特别不舒服的感觉让我很压抑。

名媛手记：你有没有看到自己当初出来闯的时候的影子？人生总是起起落落的，赶快让那些曾经令自己不愉悦的时刻随着时间翻篇吧！

我的行动计划

通过这一节的分享,你学到了什么?又准备做点什么来提升自己呢?趁现在还有印象赶快写下来吧!

第二节 在这里活着,在这里迷茫:百度的"不堪回首"

人都是通过认识自己现在所处的现实世界来建立自己的世界观的,这个世界观也就是我们平常所说的价值观,这个价值观形成后就会慢慢固化成自己特有的行为方式,这种每个人特有的行为方式就会形成别人对你的认识和印象,也就是别人会说,你是什么样的一个人,有什么样的性格。

性格改变命运,这句话大家都知道。那么性格是怎么形成的呢?如何让自己的人生更美好?让我们通过分享来进行全面的剖析。

如果你清晰地知道了世界观形成的背后逻辑,在销售工作和生活中你将不会迷茫,遇到的销售问题也会变得很清晰,你对人生和事业的目标规划也会得心应手。

这些都是我在从一个连续100天不开单,到今天能一句话成交客户的过程中,自己一点点得到的感悟。

世界观形成的第一个阶段是无意识无能力。你并不知道自己不具备理解一件事为什么要这么做的逻辑和方法而去做一件自己想要完成的事。比方说,你到了一个自己从来没有接触过的新的工作岗位,你只知道拥有这个工作我就可以有工资收入,具体要怎么干、为什么要做这些的背后逻辑、原理以及这个工作和自己最终想要的人生目标你并不清楚,所以有时你就会很无助、很迷茫。

世界观形成的第二个阶段是无意识有能力。你并不知道,自己不具备理解为什么一件事要这么做的逻辑,但是你通过模仿别人都在使用的做事方法和技巧,你也跟着这么去做,熟能生巧,你也就会做了。

比方说,你到一个自己从来没有接触过的新的工作岗位,老板给你安排一个人带着你做,你通过模仿他做的也可以做得像模像样。这时虽然你还做不出成绩,但老板会开一部分工资给你,时间长了你自己找到了方法和技巧,也可以获得不错的收入。

这时你知道具体要怎么干了，同时你对为什么要这么干背后的逻辑原理以及这个工作和自己最终想要的人生目标还是不清楚，但是因为可以拿到不错的收入了，很多人在这个阶段就觉得很满意了。

有更高追求的伙伴因为不知道背后的逻辑，这时就会觉得遇到了瓶颈无法突破，有时也很苦恼。

世界观形成的第三个阶段是有意识无能力。你已经开始了生命的觉醒，知道了自己想要的，要想自己的企业做得更强更大，实现自己人生更大的目标和价值。你需要知道商业背后的逻辑和原理，你需要为自己的企业和人生制定战略规划，你知道现在凭自己的能力是难以达到的。

于是你开始寻求：可能要寻找高人指点，或自己看书寻找答案，或参加各类学习来给自己充电。

这时你就知道事物背后都有固有的规律，什么都不是想当然的，看似平常的销售工作也有很深的学问。但你更困惑了，明明自己说得头头是道，做起来却无从下手，没有清晰的流程、方法、工具可以使用，也无法教给自己的团队快速发展，这是因为你的能力限制了你。你的能力来源于经验的沉淀和积累，也就是说你要把自己知道的逻辑和原理通过大量的实践变成自己的经验，这时你的选择只有一个字——干！

世界观形成的第四个阶段是有意识有能力。你已经知道自己掌握了商业和一些事物背后的逻辑和原理，可以给自己的企业和人生制定可靠有效的战略规划，通过自己的实践、能力，处理工作得心应手，并且这些能力已经可以固化分解成有效实用的流程、方法、技巧、工具，并且可以教给你的团队去使用，然后取得更大的成绩。

当你的世界观完善后，你就会发现自己的使命，不只是要自己活得好，活得明白，还应该把这份爱传递出去。这样你做事会变得更有条理性，你可以看到商业和生活中更多的真相和机会，能够清晰当下所做的事和自己未来终极目标之间的关联，也不会再感到困惑和无助。你有效可靠的战略规划，可以让你的企业从竞争激烈的红海市场进入高价格、高利润的蓝海市场。

这时你的能力不但可以让自己的工作更高效，而且你已经有了可以教别人的能力，你所掌握的流程、方法、技巧、工具可以分享给更多的人，让他们的生活因为你而变得更好，让他们的工作更得心应手，这时也就实现了你自己的人生价值。

这是一个循序渐进的过程，可能有时并没有想象中的顺利。**成功的轨迹都是波浪式前进螺旋式上升，起起落落不停息，坚持专注，聚焦一个方向，你终会取得自己的成功。**

为什么要分享这些呢？因为只有明白这些背后的逻辑和原理，你才能走得更快。

我能到向往的百度工作，为此还特意去动物园服装批发市场买了一身新衣服。到百度，我和一个叫晶晶的同事在皂君庙合租房子，真是好事成双，最头疼的住的地方解决了，再也不用为住的地方郁闷了。

在百度上班，一开始的时候我先去培训部接受培训，刚开始进培训部的时候每天除了上课什么事也没有。大楼很好，空调很好，环境很好，跟我当年在唐山律师事务所完全不一样，发现在北京见到的每个人都很高大上。

在培训部培训了两周，每天中午还有盒饭吃，不用花钱，还拿着底薪，培训结束考核转正后正式签合同，我感觉这一切太美好了。

两个星期之后我就进入了市场部，当时我就想，这份工作我要认真努力干。

农村人的优点就是吃苦耐劳，我也是这样的。百度是九点上班，我八点肯定到，百度是六点下班，我肯定是八点才走。

每天八点看门的大爷就来清场，他说："姑娘你每次都是这样，你快走吧，你不走我也休息不了。"每次都是他说这样的话的时候我才走，我几乎是整个单位去得最早的，即使不是最早，但我一定是单位走得最晚的一个。

每天上班，我一直在打电话，一直在联系业务。

周一到周五我在百度的工作是电话销售，每天大家都在打电话，放眼望去全都是在打电话的人。那种一群人打电话"嗡""嗡"的声音，现在我还能想起来。

在一天中，只有上厕所的时候我才觉得耳边能轻松一下。

这种工作环境跟我想象的百度一点儿都不一样。他们跟我说这是基础工作，要卖百度的广告。我心想：百度这么厉害，这么好还需要卖广告吗？

但我发现真得卖。我了解了很多百度竞价排名的基本知识，比如说，你搜一个产品的关键词，一搜就出现了你这个公司，说明你花钱了，花钱百度就把你的排名排在前面。

我的工作就是通过电话销售，让客户购买竞价排名。

我很勤奋，给所有客户狂打电话，比任何人打得都多，而且我的电话技巧也比一般人好，客户很少挂断我电话，我能跟客户聊半个小时甚至一个小时，虽然客户爱听我说，可就是不出业绩，没有单子！好奇怪，不知道为什么努力、辛苦、会打电话就是没有业绩？

干了大概一个月，我经理实在受不了了，就说让我离职！

我说："我为什么要离职？"经理说："你一个月都出不了业绩，说明你不行。"因为他们有考核，一个月多少业绩，按人头考核到每个人，如果人头平均数业绩不够就要罚经理的钱。

你想一下，第一，我没有业绩，还平摊人头；第二，我占着一个工位；第三，我占着一部电话机，他就不能换新人，所以他觉得我不合适。

经理逼我离职，说："你要再不离职，我就把你们组这排电话线全掐了！"他真的把那一排电话线全掐了，说："这组所有的人都不能打电话，你不离职所有人都不能干活，他们都挣不到钱！"

那么多同事都看着我呢！平时那些同事都很照顾我，我找资料她们都愿意告诉我，我没有客户名单她们就告诉我去哪里找，有的名单她们也愿意给我，她们总是照顾我。但经理真的把电话线全掐了,我怎么办?

经理逼着我在工位上必须给人事部发离职邮件,发完了邮件了他才可能把电话线恢复。我一边哭一边发了离职邮件,发完了一会儿,人事部就把我叫过去。

人事部的人说:"你这要离职对吧?我给你面谈一下。"我当时"腾"一下就站起来,说:"我没想离职!"一般这种情况别人肯定离开百度,一个月都没有挣到钱,而且工作压力太大了,耳朵根本就受不了!好多人干两天就不干了,那种嘈杂的环境、心情的烦躁一般人受不了。

人事部的人吓了一跳:"你没想离职,发离职邮件干吗?"我说:"离职邮件不是我想发的,是我们经理让我发的,他竟然把我们组的电话线全给掐了,不让我们组的同事打电话,以此来逼我发离职邮件,我要举报他!这种行为有问题,在法律上是不允许的!"

那时候的我是多么幼稚啊!我是学了法律,但我不知道劳动法具体是怎么规定的。我认为,法律一定会保护像我一样的弱势群体,怎么可能让他们就这么随便让我离职呢?

人事部经理听我说完,感觉这也太夸张了!怎么可能出现这样的事情呢?于是,他就把我们销售部经理叫过来。

销售部经理就讲:"乔名媛她一个月了也不出业绩,还占着工位,虽然她人很勤奋,但是你们对我这个销售经理有考核、有指标限制,所以我没法要乔名媛,她必须得离职。"这时候他们怎么办?太尴尬了!

因为我是从培训部学习完且结业后才到销售部的,所以人事部把培训部的经理叫过来,说:"你看这员工是你们培训部培训的,然后到他们销售部。现在人事部收到她的辞职单,但是她又不想离职,销售部这边的经理是肯定不要乔名媛了,你们培训部看怎么处理?"

培训部的经理就跟我讲:"姑娘我劝你还是离职吧!你看你在我们这边,一个月一单业绩都没出,你根本就挣不到钱,一个月1200元的底薪,扣掉社保工资就剩 800 元了，你在北京怎么生存？其实你们经理也有很大的压力，他现在都不要你了，你也别在这儿干了。"

我说："你们让我离职可以啊，你们当初跟我是不是签的三个月的合同？"

"签三个月合同的意思就是，你们认为我在三个月之内是可以出业绩的，这三个月是对我的培养期和考核期，因为我要经过三个月才能真正独立完成业务，如果三个月之后完不成业务考核，你们让我离职我自然会离职。因为这是合同中定的，但是如果三个月内我做得好好的，你们为什么不给别人足够的时间？我相信自己三个月内一定能完成业绩考核！"

"所以你们劝我的这种理由我不认可，800 元的工资太少，不足以在北京生存，你们会关心我吗？说少你们也不可能多给我钱，所以我怎么生存不用你们管，你们只要把自己的事情处理好。"

"第一，如果让我离职，你们百度必须按照合同赔我双倍工资。"

"第二，要不然就等三个月合同到期之后我再离职，到时候出不了业绩，不用你们叫我自然也会走。"

"我本来就不太喜欢这种电话销售，但是我现在要做给自己看，我一定要干够三个月，我相信自己一定能出业绩！"我跟他们这么理论时，大家都震惊了！

然后他们说："你稍等一下，我们几个部门商量一下。"最后他们商量的结果就是，决定让我继续回培训部待着，他们继续培训新人，我这"老人"就在旁边坐着，那些培训内容我都会了。

我们的业绩是这样计算的：如果在销售部的话，出第一单业绩提成是 200 元，第二单业绩提成 400 元，第三单业绩就提 600 元，每一单业绩提成往上累计加钱，单子越多提成越多。

而我在培训部的开单业绩提成是随便出多少单没有累计，都是 200 元，我出单也可以有业绩提成，只是没有考核和级差累计提成。

就这样，我又回到了百度的培训部。

在培训部我没闲着，仍然按照原来的工作方式继续努力干活，遇到一些大客户我会约到公司谈。我曾无数次约过很多人来公司谈，但就是不成单！

我记得当时市场部有个叫娄建台的同事，他谈单能力很强，我经常见他出去签单，别人特别喜欢跟着他一起去签单，只要客户来到公司，他基本上都能让客户签单。

有一次我鼓足勇气请他帮我谈个单，他人特别热情，说没问题。我把客户约来，他帮我谈得特别好。他平时签单率很高，但是到我这里帮我谈完，我还是没有签单！但是我还是很感谢他，我觉得他很厉害！

就这样，快到第三个月底的时候，我又找到了一个客户，并将其约到公司，这是一个大客户，一下子出了七单业绩！是娄建台帮我谈下来的，我终于签单了！

如果这笔单挂在我名下，一单业绩提成才200元，但是挂他名下一单业绩提成则是600~800元。出单后我就想离开这里了，所以我跟他商量，"反正我都要离开了，这笔业绩就给你好了，你就按照一单业绩提成200元给我，多出来的钱我也不要，那是你努力的结果，感谢你对我的帮助，因为我也没有什么损失。"

当我把这几单业绩给同事之后，市场部经理在那个月就完成了一个月的业绩考核，应该不是第一就是第二，总经理还提拔了他，他特别开心。他还特意单独拿了200元让同事转交给我，说想请我吃饭但又不好意思。

那时候我觉得特别爽，觉得自己终于出人头地了！我觉得自己找回了自信心，我从来都没那么高兴过。培训部的经理这时也找我谈话，说："明天给你转正，重新签合同。"

我跟培训部经理说："你不用给我转正了，我一点儿都不喜欢这里，我不喜欢电话销售，不喜欢网络，我当初之所以要想尽办法留在这里，就是想告诉你们我是可以的。

"我那么努力，我就不相信自己完不成，我这么做就是想做给我自己看，但是经过三个月，我发现自己并不喜欢这份工作，我要找自己喜欢的工作。但是我很感谢在培训部的经历，不喜欢销售部经理的那种态度，也不喜欢这种工作环境。所以不用给我转正了，我只想告诉你们，我的能力很强，我一定有能力找到自己喜欢的工作，将来会做得很优秀！"

就这样我离职了，拿了我该拿的工资离开了。

一年后，有一次我在百度附近坐公交车，看见一个戴着百度工牌的员工在等公交车，我就说："你是百度的？"他说："我是八层竞价排名的。"我说："我当初也在这上班干业务。"

他问我是否记得当时百度的一件奇葩事：有个小姑娘当初在百度怎么让她离职都不离职，她一定要坚持三个月，之后竟然做了一大笔业务，然后把这笔大业务给了她原来的经理。

她经理因为这一笔业绩升职、加薪。当时百度想给这小姑娘转正，她都不转正，特别潇洒地说不干了！这件事在当时很轰动。

我说："这件事在百度这么轰动啊？"他说："是啊，那时候这姑娘走之后我们都在说这件事，我觉得她太厉害了！"当时我在心里说：你哪里知道那个姑娘就是我啊！

名媛手记： 想分享给你的上面都已经说了。这节比较长，看到这里你应该已经累了，休息一下，接下来给你分享一个更精彩的百度经历。

我的行动计划

通过这一节的分享,你学到了什么?又准备做点什么来提升自己呢?趁现在还有印象赶快写下来吧!

第三节　成功就是永不放弃：为了销售梦兼职当"鸡头"

有时候直达目标的过程往往并不顺利，有句话是这样说的："为了得到你想要的事情，你可能要做很多你不想做的事情。"意思是，你每天起床就要准备战斗，生命是一场战争，你每天要对自己发动最猛烈的进攻，把自己往死里逼，做自己不愿意做而应该做的事。

为了达到自己的目标，你可能要暂时做一些和目标无关的事先养活自己，等条件成熟了，再去做你想做、愿意做的事。

这听起来多像鸡汤啊，没有过这种感受的人一定会这样想，但是这样的事就真真切切地发生在了我的身上。

在上一节中百度的那个经理说得对，在百度我一个月1200元的底薪，扣掉社保等工资只剩800元，确实在北京养活不了自己。在北京，我要租房子，要吃饭，要坐公交车，拜访客户坐车也要花钱，800元哪里会够用？

从上大学开始我就已经没有开口跟家里要过钱了，现在来北京工作，更不可能跟父母开口要钱。虽然在北京我有姨奶奶，我也不能开口跟她借钱，那不是让人家看不起吗？

我妹还是一个学生就更不用说了，她不找我借就不错了，我该怎么让自己顺利地活下来，在百度干够三个月呢？

虽然我妹不能借钱给我，但聊天时她无意中说到，要给我找份礼仪的工作，就是给韩国SK集团的手机店发宣传单。

十多年前，韩国SK集团在北京开有六七十家手机店，卖得很火。当年我在中关村应聘做礼仪，我还特意穿了高跟鞋。我一米六，人家说选礼仪一定要选个高的，当时那个经理不想要我，然后我就跟她表现了一下，我很会说话，表现得很努力，只要客人到了我就迎上去说："您好，请来店里坐坐，请到店里看看。"我特别积极，不断地发宣传单，不休息。

另一位的礼仪长得漂亮、个子高，但她就在门口那里杵着，手里拿着宣传单也不发，觉得靠自己的外形和长相就可以。但这个经理就喜欢她，就愿意让她在那里当礼仪，而我长得不够漂亮、个头也不够高，所以我只能通过自己的努力让经理看清我的价值以及我愿意做礼仪的决心。

试用当天我很卖力，因为如果经理把我留下来，以后我就可以连续每个星期天做礼仪，就可以挣到生活费养活自己，在百度撑过三个月。如果老天给你关上一扇门，一定会打开另外一扇窗，我真的认可这个说法。

一天下来经理觉得我最努力，给店里带来的客人最多，她说就要我了，而且还把我隆重地介绍给了 SK 集团市场部一个姓朴的姐姐，那个姐姐说韩语很好听，长得也特别漂亮，有气质。

这个中关村店是 SK 集团在北京的总店，这个店的活动很重要。后来我又在星期天来了几次，每次我的话术及努力程度她们都很认可，给她们留下了很好的印象。那时候我一天可以赚 80 元，我觉得每个月做 8 天足够养活我在百度的三个月了。

不久我妹妹就大学毕业要离开北京了。招聘礼仪的工作是她负责的，学校有个外联部，专门找一些人负责做礼仪的工作。由于我妹妹要离开北京，她就把我介绍给了 SK 集团的朴姐姐。

SK 集团市场部的朴姐姐本来就觉得我挺努力、挺有思想的，妹妹走之前就说："以后由我姐姐乔名媛负责给您安排礼仪人员。"所以我就接手了妹妹给 SK 集团安排礼仪的工作，就是在学校里边给 SK 集团招聘礼仪，不是特殊的十一之类节假日，SK 集团给每个人一天的费用是 80 元，我分给大学生一天的费用是 60 元，特殊的人 SK 集团一天可以给 100 元。

什么叫特殊的人？就是像我这样的人。市场经理说："如果像我这样具有组织领导能力的人就给 100 元。"就这样，我周末组织人做礼仪养活自己，周一到周五去百度上班，用周末赚的钱来缓解我的经济压力。

周末，我当礼仪一天可以赚 100 元，一个月就可以赚 800 元。

当时 SK 集团在北京有 60 多家门店，一般每周有 30 多家店需要礼仪人员，每家店一个人给我 80 元，我给每个人一天的费用是 60 元，我一个人可以赚 20 元的差价，每天两个人，每个人 20 元，每天可以赚 40 元的差价，每周两天就赚 80 元的差价。

每周每个店可以赚 80 元钱，30 家店就是 2400 元，每个月四周那就快 1 万元了！

特殊的情况，有些店需要的人多点或少点，但基本上万八千元是完全没有问题的。这份工作大概持续了一两个月的时间，我就靠组织人做礼仪，连带自己做礼仪赚钱养活自己。为了在百度生存三个月，坚持并证明自己：我一定可以开单，我一定行。

名媛手记： 如果老天给你关上一扇门，一定会打开另外一扇窗，只要你不放弃你的梦想和目标，是对的就坚持去做。

老天是公平的，只要你坚持梦想，在你撑不下去的时候总会有人会来帮你，会有意外的机会出现，给你带来惊喜。

我在给 SK 集团做事的时候，每周两天的收入基本是百度一个月工资的几倍，但我很清楚自己想要的是什么。我不是为了挣钱，我始终没有忘记，我兼职做礼仪是为了养活自己，在百度的三个月生存下来，我知道我能做到开单。这种对目标的清晰和对眼前利益的权衡取舍的理智选择，对我以后的帮助很大。从我的分享中，你有什么样的收获和启发呢？

我的行动计划

通过这一节的分享,你学到了什么?又准备做点什么来提升自己呢?趁现在还有印象赶快写下来吧!

第四节　再度地祈祷和失去：国际贸易公司再受"重创"

我想做销售，因为觉得销售赚钱快。我来北京就是想做销售，希望通过做销售来改变家庭命运。同时，我还喜欢学英语，如果能够做外贸销售的工作就太好了，能够赚钱，还可以练习英语。

在百度遇到了那样的挫折和打击后，我就想找一份外贸销售的工作。当时在百度上班的一个同事说还真有这么一份工作，有一个做美容仪器的新科以仁公司就是做外贸销售的，她可以介绍我过去。

这个公司就在西直门枫蓝国际的对面，我住在皂君庙，西直门正好离我住的地方挺近，所以我就去面试了。面试通过了，我就去这个单位上班了。

我想能够用英文做贸易这个挺好，正是我想要的。

我特别欣喜地来到单位，并接受单位组织的培训，去的是公司大兴的工厂，这是一个生产美容仪器的公司，生产电波拉皮、光子嫩肤、洗眉机等美容项目仪器。

做外贸销售经常用电脑跟人沟通，发邮件做业务。但我电脑水平太差，在百度的时候就讨厌电脑，讨厌网络，也不太会发邮件，我就打电话做业务。那时候都要有英文名，我就给自己起了个名字叫索菲亚，还申请了个电子邮箱。

我用电话做业务，打通电话我就说："您好，我是索菲亚，来自中国，我们是做美容仪器的，您是哪里？"

一次经理曾经跟我讲："你这样做业务成本有点儿高。"

我们一起来的伙伴，两三个月都出单了。国外仪器的单子都是大单，最少三五万，几千元的都没有。

大家都出单，就我不出，而且都已经过了三个月了！我在百度就经历过三个月出单，可是这三个月跟那三个月完全不一样，百度的单子特别小，一个月不出业绩别人就会说你。这里的单子都特别大。第一个月、第二个月、第三个月我没出单压根没人管我，可是三个月不出单真的挺可怕的。

我内心真的发慌，因为没有人管我，大家对我都很好，而我做业务的成本又那么高，所以我觉得快干不下去了！

但是我平时跟人沟通的状态没问题，这时国内部的经理跟我说："你是不是不太适合做国际贸易？这样吧，我把你调到国内部干一个月，看你能不能干得了。"他就把我调到了五层的国内部。

进入国内部，我心想这回可好了，不用说英文了，肯定是我英文沟通有问题，我可不能再对不起人家，于是我特别努力。

国内部做贸易主要是去"扫"市场，像我们现在的"扫"楼、"扫"街。其实我觉得这也给我后来做信用卡奠定了基础，给我跟陌生人讲话奠定了基础。刚到国内部经理就说："你和你的主管去西安出差吧。"

本来经理决定要买票去四川，但我那个主管老家是西安的，就想顺便回家看看，在西安开发两天市场再去四川。

由于我头一天联系好的客户都是四川的客户，因为行程改了，我就给客户打电话，那天是5月12日，我记得特别清楚。那天中午，我给客户打电话，想告诉她我去不了了。

电话打通，我说："现在您信号特别不好，能不能换个地儿，我听不清楚您说什么。"客户说："我换不了，我们这地震呢。"我说："那好吧，等您信号好了我再打。"

我只是听说地震了，我当时没觉得地震有多么的严重。

没过多久全国各地铺天盖地的信息出来，说汶川地震非常严重！这时候我都已经到西安。汶川地震，西安也地震，太恐怖了！我在西安的时候，那几天晚上全睡帐篷，因为地震人们都不敢睡床，帐篷变得特别紧俏。

在西安地震的时候，即使天天住帐篷我也特别努力，绝对没有因为自己在外地出差就不努力，每天早上八九点我就起来陌拜美容院，晚上七八点才回来。我心想，一定不能给公司丢脸，必须得做出点业绩！

我就努力在西安大街小巷陌拜那些美容院，连大雁塔在旁边我都没有进去玩，其实那时没人管的，我就一心要出业绩！

我的主管则一直在家里待着，偶尔出现过一次，带我去他的一个合作商家了解了一下。过了20多天，这个主管就跟我说可以回北京了。

这次出差我一个业绩也没出，但确实带了一大堆陌拜的表格，哪条街上什么单位、领导办公室电话、美容院什么情况都有。回北京后，他们看到我努力了，虽然没有出业绩，他们就说："没关系，再继续努力，下次就派你去深圳。"

七八月份派我去深圳，多么热的天，我在西安已经晒得很黑了。我心想，在这干了四个月，一点儿业绩也没有，再出差还要花费额外的补助，我哪里好意思再继续留在这里干。深圳那么热，我觉得这份工作我真干不了，估计我真的出不了业绩。

这次跟百度完全不一样，我打心底里觉得出不了业绩，这时候我就不想干了，觉得对不起国内部的经理。

这时，我碰到了一个同事，他跟我一样，也觉得这工作干不了，他知道我不想干，就说："我给你介绍个工作吧。"我说："什么工作？"他说："我老婆在超市门口卖东西，碰到一个办信用卡的，我老婆就办了一张信用卡。银行还给工具箱、帐篷。我老婆就要了一张名片。知道你最近想换工作，你看要不要联系一下？"

我不想干的主要原因是总不出业绩，浪费公司的人力、物力、财力，我觉得太对不起公司了。于是我就拿起那张名片，给名片上的人打电话。

我打通了电话。就这样，我结束了在这家对外国际贸易公司的工作。

名媛手记： 做销售即使不成功，也不应该偏离自己的目标，时刻牢记自己的目标，当下的暂时失败会成为你以后成功的基石。

在西安那段时间，每天晚上我都感觉有地震的危险，觉得挺可怕的，但是我没有把地震作为借口，要求回北京或者不出去工作，在任何情况下不给自己找借口，真的非常重要。

刚开始时，找借口可能可以让你心里好受一点，但是别人会看不起你，到最后连你自己都看不起自己，以致无法原谅自己。所以，永远不要为自己找借口！

我的行动计划

通过这一节的分享,你学到了什么?又准备做点什么来提升自己呢?趁现在还有印象赶快写下来吧!

第五节　你要相信坚持下去就会柳暗花明：入职华夏银行

到北京后，我在百度干了三个月，在国际贸易公司干了四个月，我一直都喜欢做销售工作。

为了能做销售工作，网络不懂的我也做了百度的竞价排名电话销售，美容仪器和外贸没接触过，也在外贸公司工作过了，我觉得不管是啥行业，只要是能做业务就接触一下。

我大概知道一点点的信用卡知识，就是花了钱再还，是一项银行的金融业务，我觉得可以尝试一下。名片是华夏银行的一个销售人员，我决定打电话去应聘试试。

我按名片上的电话打过去，对方姓赵，他热情、真诚、耐心地给我介绍了所有银行信用卡的业务。如果我没记错的话，电话打了至少有40分钟。他说："这份工作很好，信用卡销售现在是一个新兴的业务，人们的消费意识变得超前了。"

"华夏银行开始的政策特别好，特别是针对客户的政策，客户办卡就给特别好的礼物，所以给客户办卡很容易。"

"给销售人员的提成特别高，挣钱快。"

"团队方面，我所在的团队是华夏银行最厉害的一个主管带着，团队里每个人的业绩都很好，跟着这个团队，再加上好的政策，就很容易挣到钱。"

我当时很喜欢这个人，信任这个人，崇拜这个人。心想，这个人太厉害了，他能在不认识我的情况下跟我讲这么长时间，能够这么有耐心，我特别感激他。

因为我觉得自己终于找到了出路、找到了组织，于是我就让他安排一下面试时间。

他说："你先去医院做个体检，我们都要求有体检报告。你面试肯定会成功的，做完体检后你再来面试，面试通过，有了体检报告第二天就能入职，程序特别快。"

我按照要求去医院做了体检，当时体检花了150元，我觉得特别贵。做体检报告前我还特意给他打过一次电话，说现在社会上的骗子特别多，这不会是骗局吧？他说没事。我真的是特别信任他，就去做了体检。

但我在面试的头一天晚上大概九点，接到了给我介绍工作的这个人的电话。

他说："小乔有这么个情况，我今天跟我们主管说了，主管说现在的团队人数11个人，一个人带团队要求上限是12个人，主管一定要找一个在别的银行干过的，因为主管一直要干第一。我们还剩一个编制，主管说不能把这编制给你，因为你没干过，请你理解一下好不好，你再找找别的工作吧。"

我说："没事我能理解。"但我心里特别不高兴，因为他跟我说了在银行上班的前途，跟他们团队一起干活的前途。

而且，我体检都做了，工作也辞了，不去也不行。我感觉很失落！真是期望越大，失望越大。

不让去，我也得去！于是我第二天还是去了。记得当时我穿了一件黑色的小裙子，梳了个小辫子，把自己打扮成特别活泼机灵的女孩。

下午两点左右到那里，面试我的是一个长得白白胖胖的主管，看起来还挺好的，我回答完了他所有的问题后，他就让我稍等一会儿。趁等待的时候，我就去了趟卫生间。

我是个特别较劲的人，来之前我还特意问了信用卡的赵业务员他主管长什么样子。在卫生间时，我看到一个女士走过来，长得特别有气质，她正在照镜子，我感觉这个女的就是赵业务员说的主管。

我心想：我刚才已经面试了，我没机会跟你干了，但我得告诉你我将来一定特别优秀。所以我就在镜子前跟女主管介绍了一下我是谁，说我特别想做销售，我有超强的业务能力，我主要介绍的是在大学卖报纸的那一段经历，说我特别会做销售，我一定能把工作做好，我是故意在刺激她。

这个女主管就故意问我两个问题，我更加自信地告诉她我有多优秀。我能明显地感觉到那个女主管有点失望的眼神，似乎在说：如果这个人刚才不被其他组面试，其实可以聊聊，或许可以收到自己的旗下。

半年后，我的业绩成为全国第一的时候，她觉得肠子都悔青了。

从卫生间出来的时候，面试结果也出来了，他们把我叫到了总经理的办公室。

总经理亲自面试我，说："你底子确实有点薄，七个月连续换了三份工作，而且不出业绩。但是我们现在正处于组建人马的阶段，如果你真的愿意来的话，我们还是愿意收你的。但是我们现在只能给你定一个最低的级别，也就是二级。"

这几乎就是给特别差的人准备的一个级别。大部分别的银行同行跳槽过来的，直接是四级或五级的居多。

我就问他怎么样才能留下，我的意思是怎么着才能把我那体检费报了？他说："你得干够三个月，然后才能报销体检费。"

于是总经理跟人事处说："给她调个组，把她收了吧。"

人事部的经理就说："来，我带你过去。"我去的那个组主管姓李，是从别的银行跳槽过来的，做销售很厉害，银行就给他升为主管。他刚刚升为主管，就想招有经验的人，想组建一个最好的团队，因为他做业务在华夏银行那时候已经数一数二了，突然安排一个新手过来，他当然不高兴了。

我明显地感觉到他不喜欢我，我心想：你爱喜欢不喜欢，能拿我怎么着，反正我得上班，把体检费报了。他就说："那这样，你明天早上9点来上班。"我说："行，我知道了。"说完工作我就走了。

我住的地方离单位特别远，坐车一个多小时，所以第一天十点多才到，如果没记错的话，我穿着小凉拖，穿着小黑色的裙子美美地就去了。

到单位后，我发现单位一个人都没有，就只有李主管黑着个脸："你干吗呢？你是来上班的吗？你知道9点上班吗？"

我说："第一天上班不都可以晚一点吗？""谁告诉你第一天上班可以晚点

的？"他瞪着眼说。

接着他又说："你懂信用卡吗？了解过吗？这表你会填吗？"我说："都不会。""那你会干啥？"我说："我都不会才来学习。""谁让你来学习的？我们来让你上班的。"

我说："我学会了就会干。"这把他给气坏了："你这样把那张表填一下，然后这有一份宣传材料，你熟悉一下，办卡的时候就照上面的说，你好好看一会儿，十一点半的时候就出去扫楼，问问有没有人要办卡，一会儿中午吃完饭了你给我打个电话，我看看我的时间，然后带你扫一下楼，教教你怎么陌拜。"

记得当时我把信用卡申请表填得乱七八糟，签名什么的我都不会签。

中午十二点多我吃完饭给李主管打电话，我说："你现在有时间吗？"他说："我现在没时间，你自己去扫扫楼。别人都是这么干起来的。扫楼看见人家就问是否要办卡，还有礼物送。要准备的材料都跟你说过了。"其实我没太听明白，但不敢问。

当时在尚都南塔旁边有个金钱豹，吃完饭我就在那坐着，我心想，在这里吃饭的人能不能办卡？到底什么样的人能办卡我也没弄明白。

下午一两点的时候我绕到东大桥大街上，遇到人我就问："你好，办信用卡吗？华夏银行的。""不办！""不办！"全都是这样回答的。我想："为什么都不办，这到底什么情况？"不知道什么情况，反正被拒绝很正常，原来做美容仪器的时候也经常扫街被拒绝。

到了建国饭店，我看他们当时不忙，大堂经理还有服务台的人都在那待着，饭店的人因为服务态度都很好，于是我就说："你们好！办华夏信用卡吗？"人家说："姑娘，我们这里天天有来办卡的，我们不办。"

我说："你们跟我说说这信用卡到底啥玩意儿？为什么天天有人来让你们办信用卡？"

人家说："你这姑娘挺奇怪的，你是办信用卡的你还问我们什么情况？"

我说："我第一天上班，都不知道啥情况，他们都不要我，我是为了我的 150 元体检费，所以我必须留在这里。"我还跟他们讲了我入职的过程和故事。

我说："我现在什么都不知道，而且我一个月有 30 张卡的任务，如果我一个月完不成就会被辞退，转不了正，150 元体检费我就报销不了。我得报销我的体检费，我得干，所以你们告诉我信用卡是什么东西？"

跟大堂经理说话这会儿来了一个行政经理，行政经理听到了这段故事，觉得这姑娘还不错，他说："这样，你给我办一张吧，算我帮帮你。"我特别开心。

他说："没带身份证。"我说："没事，今天先把表填了就行了。"人家把表填了，我就觉得已经特别好了，当时很感动。然后他们还给我讲信用卡知识，一直聊到下午四五点钟我才回去。

第二天上班，我早早就到了，就听他们开早会，再多了解一下有关信用卡的知识。主管说可以办信用卡必须办大型国企机关、企事业单位，其他单位不好批卡，一个月得完成 30 张，完成考核可以出国旅游，还有丰厚的业绩奖励。

我就想：我必须每天批下一张卡，这样一个月就能批下来 30 张卡，体检费就有可能报销了对不对？

我当时只有一个想法，这工作太不好干了，办够 30 张，满三个月把体检费报了我就不干了。

为了实现这个目标，我决定跟他们学习，谁去办卡我就跟着他们，我当个学徒。晚上回来我看到谁在整理资料，我就说："你好，我帮你忙吧。"同事说没什么可帮的，我就说："总得有个人盖章签字啊，这些都是重复的工作，你别干了。小活我可以帮你。"

同事就说："那好吧，你这姑娘还挺好的。"我说："我刚来没干几天，我就在这儿学习学习。"同事觉得我没有功利心，就愿意跟我说两句。他说："其实这工作挺好的，挣钱挺多的，你还是好好干吧。你要办什么样的单位、怎么办，他就告诉我一些方法和技巧。"

那时候，第一个星期我每天跟他们白天出去学习扫楼办卡，晚上给他们帮忙学习填单子，特别努力，在这个过程中我就真真正正地进入华夏银行的信用卡中心。我决定要干满三个月，但这三个月怎么干就是问题了。

名媛手记： 不管在哪个行业，我都没有放弃做销售工作的初衷。

无论在哪个单位，我都保持了两个特性：

第一，坚持自己的目标，换单位不换行业，不断寻找自己身上的发力点和业务的结合点。

第二，比任何人付出更多努力，即使在看不到回报的情况下。

我的行动计划

通过这一节的分享,你学到了什么?又准备做点什么来提升自己呢?趁现在还有印象赶快写下来吧!

第五章

找对人、问对话，
你就能轻松赚钱、潇洒生活

你想要变成销售高手，最快的方法就是，有现成的工具、清单、流程、方法、模版、操作指南。直接操作，直接卓越，不用试错，减少自己摸索的时间，傻瓜式有效，同意吗？下面讲述的这些是我成为销售冠军的亲身经历，为了你能快速成功，我还原了每一句当时简单有效的话术。你会发现，掌握了这些其实销售真的不难，一定可以帮助你更快成功，加油！

第一节 为你的产品设计引爆业绩的开卡礼

经过在华夏银行前期跟他们的学习和成长，白天看他们怎么办卡，晚上跟大家学习，这些我明确了一点：只批国企机关、企事业单位的卡，一定要找好单位办卡。

这些单位我也没有认识的人啊！

有一天上午，我在办公室就在想我认识谁，想着想着我突然想起来了，在帮SK集团做礼仪的时候我认识一个男孩，是某个学校的社团秘书长，他曾经帮我在他们学校找过很多人，那时候他上大三，现在他正好大四，要开始找工作。于是我就给他打了个电话，问他找工作了没有。

他说："他在某研究院实习。"我问他："你们单位算国企吗？"他说："是很大型的央企。"我说："这么好！我在银行办信用卡，能不能去你们单位给你办张信用卡？"

这个男孩想了想说："我办不了，刚入职单位管得特别严，不让外面的人进来。再说我还没毕业，只是在这儿实习，这个忙我可能帮不了你。"

我心想：我又不认识别人，你是我抓住的唯一一个救命稻草啊！现在这么好的机会，我不能放弃。

我就问："你有工牌吗？有就让我试试。"因为当时华夏银行的政策是实习生肯定不给办卡，但是如果说实习生配了工牌，就能办。反正我就想找他，他看我那么坚持就说："行，那你来吧，你给我办一张吧。"

我就坐车去他单位，刚好门口有一家华夏银行的网点，他把我带进他单位说："姐，我俩就在办公室旁边赶快办了吧。"他让我在办公室一个特别小的角落里给他填表。

填着填着旁边就有人过来看一下，不知道我俩人在那儿干啥呢？我感觉他特别紧张，我急中生智就说："你好，我是华夏银行的。""你是华夏银行的？我们单位旁边就有一家华夏银行，我们的工资卡都是在华夏银行办的。"

别人这样一说距离感自然就拉近了，然后我说："我是华夏银行办信用卡的，现在办信用卡有特别好的开卡礼。"我记得有德国勃兰匠记的工具箱、攀登者的大帐篷，还有有名的品牌背包，当时这些礼物超级抢手。他说："送这么好的礼物，我也办一张。"人家都不拒绝。

他们办公室一下就办了好几张，我特别高兴。那时候我没有想到要二次开发和追销，第二天就没有再去这家单位。

回去后我心想，要继续找这样的单位。第二天我去哪里办卡呢？我之前上过一个征婚启事网站，认识一个报社朋友。

于是就给他打电话，告诉他我在银行上班，想请他帮忙办张信用卡，但他不情愿了！但是我说了半天最后还是打动了他。他说："那你来吧，第二天我就去了他所在的那个报社。"

他是一个很小心、很谨慎的人，不让我扫楼，不让我跟他的同事接触，把我带到一间特别小、特别隐蔽的办公室里边，办完卡赶紧把我送出大楼。

好吧，你送我出来我就出来。出来后我没有走，上午11点多就办完了，到中午12点有人出来吃饭的时候，我就趁机又上去了。

那个单位是我第一次去，管理很严，有摄像头，有保安，有前台，我第一次感觉到办信用卡的工作还需要懂得躲避保安、前台的技巧，这些外部环境往往也会制约我办卡。我第一次感到一种无形的压力向我袭来，当时觉得挺恐怖的。

但是我一个月要完成30张信用卡，每天至少要完成一张，我刚才虽然已经给一个人办了卡，但无法确保每天都有人办，所以我给自己定目标，每天3张卡。

比较幸运的是，当时进去后遇到了一个领导，这位领导刚好要办卡，听说了办卡的事以及银行的活动，看我挺不容易的，就说："小姑娘你明天再来，我明天给你填张表，再给你找几个人。"

我心想还有这么好的人！

第二天我真的去了，但是那个单位比较特殊，独立的部门，独立的办公室，开发起来好难。那天那位领导帮我办了六七张卡。我很高兴，竟然可以完成这么多！

一个月完成30张肯定是没问题的了，当时第一个星期的目标已经实现，后来我发现，只要你问就有人办，给人发钱、发礼物，只要你说话就肯定有人办。

虽然我经历了各种情感上的变化，各种无形的压力让我喘不过气来，但我相信30张没问题。

我觉得，这份工作好像不是银行正式员工的工作，怎么这么不体面呢？天天陌生拜访，和我在美容仪器公司的时候还不一样，我以为是银行的，应该挺美的。

我就想，不行，我还得去找那个研究院的朋友，他单位管得不严，我得再去那个单位转转。

我办理这一个星期信用卡的过程中，我发现一个问题，华夏银行网点特别少，还款特别不方便，这对客户是很大的一个障碍。我就想，这个研究院旁边有华夏银行的网点，这个问题就解决了。

当年其实没人教我，这是我自己摸索出来的。

这次去的时候我就直接说："你好！我是旁边华夏银行的。"这么说是有讲究的：当你说你是华夏银行的和你是旁边华夏银行的，给人的感觉就完全不一样。这么说他们都特别容易接受我："有什么事姑娘？我们工资卡就是你们华夏银行的。"

由于我之前来过，保安也就不查我。我很自信地走进该单位，然后一个办公室一个办公室地开展业务，一幢楼一幢楼地办卡。我说是旁边华夏银行的，大家都愿意接待我。

我说："银行送福利、送政策、送礼物来了，办信用卡第一可以绑定还款；第二可以去单位旁边的网点，还钱特别方便。"

结果一批又一批地办。

我的业绩立马就蹭蹭地往上涨，9月份竟然发了六七千元，我太高兴了！原来可以挣这么多钱，我太喜欢这份工作了。

国庆节之后那个月我交了所有的办卡材料，我竟然成为华夏银行北京的第一名！我不但成为北京的第一名，而且在全国也是前几名！

我能短期内快速取得这么好的业绩，其实我只是关注细节罢了。

当时德国勃兰匠记的工具箱是开卡礼，华夏银行的同事都知道，但所有同事都不愿意拎工具箱出去给客户看，但我每次出去手里都拎着这个工具箱，这在我办卡的过程中起了至关重要的作用。我直接说："银行办信用卡还送礼物。"我把工具箱打开每个客户看。

当时办卡市场有一个现象，就是所有人办卡都送礼物，很多银行销售人员都自己花钱买小礼物送给客户，但我直接拿出这套德国勃兰匠记的工具箱，客户误以为是我送给他们的，当然实际上也是送给他们的，但是我一开始不讲要送给客户。

我一开始就讲华夏银行送礼物，客户看到这个礼品就有兴趣听。我把信用卡的活动说得特别好，客户也觉得这个卡特别好，当然礼物他们也想要。最后我再轻描淡写地讲礼物需要刷卡才能得到，这个环节特别关键、特别重要，我用委婉的话术告诉客户，客户也都能接受。

我一直拿着银行的开卡礼当成客户误以为的办卡礼，以引起他们的关注和好奇，进而让客户去了解这张卡，当了解完填完表了基本上我只要说得轻描淡写一点点，人们也都能接受。这是我当年在整个市场上办卡区别于所有人的一大核心点，也为我后来的业务冠军做了基石。因为后来的华夏银行考核业务指标上不考核这个开卡，就是直接办一张卡给多少钱，后来增加了考核，开一张卡再给多少钱，开卡就是刷卡激活这张卡。

我在银行经历过三个阶段，每个阶段都能完成得最好，拿到全国第一。为什么？就是因为我底子打得好。什么叫底子打得好？当年送礼物是为了办卡，对不对？

所以销售人员都送礼物办卡,但是客户拿到礼物后都不激活、不开卡。

虽然开始的时候难度比别人大,我还拎着工具箱特别累,但是我有技巧,将客户开卡礼变成了刷卡礼。虽然这个过程比较辛苦,但我打下了最坚实的业务基础。

名媛手记: 当年我只把握了两个原则:

第一,拿银行大的开卡礼去比拼销售人员自己送的小的办卡礼。

第二,我比其他人都努力,懂得吃苦。每次我都把很重的德国勃兰匠记工具箱拎去展示给客户看,以引起客户的好奇和兴趣,进而让客户愿意了解我的信用卡业务。付出总有回报:我用心设计的开卡礼让我赢得了客户,取得了骄人的业绩。

我的行动计划

通过这一节的分享,你学到了什么?又准备做点什么来提升自己呢?趁现在还有印象赶快写下来吧!

第二节　让产品批量成交的团办流程揭秘

在华夏银行开始发行 ETC 后，办卡业务就更好开展了。在前面的章节中我分享过，客户对 ETC 的接受度都特别高，通过我的话术，客户就愿意让单位的人都享受这个福利。

跟工会谈判则以单位发放福利为主，如果直接说办理信用卡，商业行为太明显，一般工会比较敏感，以华夏银行免费发放 ETC 电子标签入手，是为员工谋取福利！

这时我就会说："工会组织为大家免费安装 ETC，为了走高速方便，大家可以配张卡，以便扣除高速费用。"

一般工会主席都会同意发集体邮件通知单位的人办 ETC，因为可以给整个单位的人发福利，还不用花钱，领导还能落个人情。

发了集体邮件，我就在他们安排的办公室等着人来办卡，我留好了办卡人的电话联系方式。其实这个时候才是我发力的开始，接下来我就会跟工会主席再谈。

我说："领导呀，您看大家都感兴趣，中午的时候他们不都去吃饭吗，所以我做活动的那个办公室是没人的，大家都去吃饭了，个别人在电梯口或楼道口碰到我，还不知道我们单位给他们发福利，有人可能没看邮件，回头我要走了，他们想办 ETC 还得联系我，他们不方便，我也不方便。我在你们单位经常进出也不合适，但他们如果打电话我也不能不办，您看我能不能在食堂门口给他们宣传一下？"于是我就在食堂门口一坐，基本上人人都看到了，不感兴趣的我绝不强求，感兴趣的都办了，这样就不会把哪个部门漏掉。"我跟工会主席这样一说，顺便再提一下那个局长或者处长还没办，工会主席觉得把员工漏掉没关系，如果把领导漏掉太不合适了。

一般情况下，工会主席拒绝的时候多，因为食堂门口安全归保卫处管，他们就会讲："我先问一下保卫处，保卫处可不一定同意。"

这时候我就会说："保卫处同意就可以了是吗？您同意了吗？您同意就好了，保卫处的事我来处理。在办卡的时候，有个保卫处的处长我之前就接触了，您也别出面了，不方便还显得您欠个人情，我跟保卫处讲一下就好了。"

我就跟保卫处处长讲："工会那边做活动，他们说得跟你们保卫处打声招呼，为了你们单位安全。你看领导，就中午待一个小时好不好？就做个宣传，然后我们就回工会给我们准备好的办公室。"

本来工会统一做活动就已经验证了我们的身份，有什么不同意的，只是顺水推舟的事，保卫处自然也就同意了。这样，我的活动才真正要开始啦。

中午我就会在食堂开饭之前准备好所有的物料，有攀登者的大帐篷，我把那个帐篷撑开来，在食堂门口一放，大帐篷特别显眼，还有就是德国勃兰匠记72件套工具箱，放在凳子上也特别显眼，再在旁边放个易拉宝，上面写着华夏银行免费发放ETC，并且集体上门安装，配ETC专用白金卡。我都不说信用卡，我只说配ETC专用白金卡，拿到白金卡的人有机会获得礼物。

这几点都特别吸引眼球。易拉宝下面还有一行字写着：不办ETC也可以单独领取白金卡，同样享受礼品待遇。这句话太吸引人了，中午食堂门口围了一堆的人，大家都来咨询。

办信用卡客户要填信用卡申请表，填完单位、姓名、电话等信息后，要准备身份证，要拍照，还要复印件这些材料，挺慢的，一个销售人员完成这些至少需要五分钟的时间，即使几个人同时做也慢，所以这时候我绝不在食堂门口办具体的填表业务。

我是怎么做的呢？感兴趣的我就说："登记好您的姓名、电话还有房间号，您告诉我是要礼物、ETC还是白金信用卡。"因为有人对白金卡三个字很敏感，登记姓名和房间号我上门单独办理，他们会觉得我特别重视。

其实我是要知道他的需求点，以便我上楼单独跟他营销时找出他的需求，方便做后端的销售。

有些处长、局长更不可能让他们现场办卡，你见过哪个领导在单位现场办卡的，从来没有吧！

有一些员工会说"我下午有事，下午得上班，我们领导不让去等。"我就说："哪天您有时间我再来。"

还有人说："我同事上午不在，下午才来，她还没办呢。"我就说下午的时候去给她办。因为他们有时候是一个办公室的，我去他们办公室就顺便把别人的也都全办完了。除了完成这些，下午我会做点什么事呢？

我就对着登记单子上的房间号找这个人，找到房间之后他说："你找谁。"我说："找×××。"他说："你跟他约好了吗？"我说："我们中午在食堂做活动你不知道吗？"客户觉得特别惊讶。

我说："我们给每个人免费发工具箱，发帐篷，发电子标签。"他突然觉得单位发福利自己怎么会不知道，就问旁边的人："你知道吗？"他同事就会说："噢，我知道他们银行做的活动。"然后我说："我们做活动免费发ETC，你有车吗？"他说："有，我也要办。"

我拿到所有材料的目的，就是为了让我能够光明正大、名正言顺地去所有的办公室。

在找这个人的过程中，我就能做到让接待我的那个人办白金信用卡。一般我告诉他，单位整体发了邮件你都不知道，食堂做活动你也不知道，单位这是多么大的活动力度。而我现在亲自上门，找你的同事就是来兑现我们的承诺和服务的，而你现在知道了这个活动，你说你不领一张卡，不赶快参加这个活动，多遗憾啊！结果谁碰到了我几乎都要办张卡。

但有人也会说："你怎么没有提前打电话呀？"其实我是故意不打电话的，打电话了他在的话，我其实还不好施展。

如果在食堂办过卡的这个人这时候出现了，我就说："你同事也都感兴趣，大家想要一起办。"他知道了这个消息会特别感谢我，因为这让他有一种自豪感和愉悦感。

我就这样根据我登记好的名单,一间办公室接一间办公室,最后几乎不留死角,名正言顺地去扫楼。

但这个名正言顺的扫楼的过程中,总有一些人是我在食堂做活动扫楼之前办理好的人,如果我看到他的话我会说:"张哥您在这个办公室啊?"要不您跟你们办公室人说说,您办理的是哪个业务啊。有时候我说得特别轻松。

然后我说:"你知道吗,我帮××也办了。"我就聊聊他们感兴趣的话题,然后再申明一下办ETC卡的好处,他们知道ETC的好处之后,就自己在那儿互相分享。尤其三五年前办过ETC的人会说,他们是花钱买的,早知道就这会儿办了。

他们就会讲:"哎呀,我当年还花钱买的ETC,装上上高速特别方便,都有什么好处。"这样更能烘托整个办公室办卡的氛围。这样,我就能做到真的不留死角。在这个单位里我还能发现谁对贷款感兴趣,因为客户都会问你问题,这时候你要及时捕捉信号,这样往往还能办成一笔银行贷款的业务。

我把所有功劳都归功于工会主席,说他给大家组织了这么好的福利,只有你们单位的工会主席这么好,愿意给你们这么好的福利,好多单位都不配合。

在这个过程中,你可不能肆无忌惮,要是看到有些人不喜欢你去办公室,有些人讨厌你、不喜欢这种方式,一定要赶紧及时撤退。

如果有人说:"你们怎么不在办公室待着啊?""对不起领导,我们找个人,一直没有联系上他。"那时候千万不能说错话。其实从来都是故意没打手机的,这时候就要说:"手机联系不上,我们活动就要结束了,怕把他漏掉。"这样那个讨厌你的人就能理解我是活动要结束了,我过来是为了服务他的同事,告诉他客观的理由,他就不会给你报告到保卫处了。

因为一旦保卫处收到通知,银行的这种扫楼行为谁都不喜欢,特别是敏感单位,只要接到投诉,他们就会直接将你清走,所以这时候要做到全身而退。

因为我善于跟人打交道,所以我做到了楼上楼下地办卡,做到了全身而退。

我根据获取的资源又到另外的单位用同样的办法办理业务，一幢大楼接一幢大楼，很快我就做成全国第一。我做业务特别轻松，每个月就做那么几天。由于之前做业务的单位对我印象都很好，愿意把我介绍给其他单位，所以我从来不用跑市场单办卡。整个单位都在用这张卡，我只需要偶尔回来做后续服务，在此过程中，我还能开发一部分人，顺便就把其他没办卡的也办了，尤其新入职的员工更是可以轻松拿下。

名媛手记： 量大是致胜的关键。你要善于抓住销售中所有的转介绍机会，在让客户感觉产品优质超值的前提下，让客户给你转介绍，最重要的是，获取团办的机会，这样你就能顺利开发自己的蓝海市场，销售工作就会变得特别轻松。

我的行动计划

通过这一节的分享,你学到了什么?又准备做点什么来提升自己呢?趁现在还有印象赶快写下来吧!

第三节　从未公开的秘密：如何让事业单位实现团办

任何一个人带团队，刚开始开展业务的时候是很难的，我是 2010 年 5 月份开始带团队的。

我在带团队的时候正式接手了 ETC 这个项目，当时市场上帮客户安装 ETC 办信用卡，这个业务还是很好开展的。ETC 办信用卡帮助很多新入职的销售人员提升了很大的自信心，当然我的 ETC 业务开展得还是挺好的。

如果要想让团队成员整体拿到大业绩，就不能让他们一个个地去办卡，我得让他们跟我做一个大的团办才行。我当时想找小单位肯定不行，后来我找到了一家大的事业单位。

我怎么找的呢？我开发哪个单位就去那个单位门口绕一圈。有一天路过西便门，我发现这家单位挺不错的，就在门口溜达认识了一两个开车的人。我大概说了下装 ETC 的事，他们都很感兴趣，但我绝不介绍业务。

因为一介绍完人家就没兴趣了，好奇感就消失了，好奇感消失了就不找你了，不找你就绝对没有后续，也就没有成交了。在让他们好奇的过程中，我说："让你们单位负责这块的人跟我联系，我就来谈团办。"

在这个过程中我谈成了团办，该单位的工作人员特别给力，就发集体邮件，告知员工华夏银行将过来安装 ETC 并办信用卡。当然我肯定是 ETC 打头，我已经做过很多团办活动了，但这是第一次去事业单位做，我很重视。

当时办卡的场景很壮观，9 点开始，8：50 就有人在那儿排队，而且秩序井然。

这次处长、局长都亲自跑过来办信用卡。因为 ETC 不一样，风险把控得特别严，所有的业务必须亲自办理，必须拿着本人的身份证、驾驶证的原件及复印件。我这么通知，局长们也都能理解。

那时候人们都对 ETC 有需求，当时不用推销，他们把我当成银行里特别权威的人，客气地咨询："你好！你帮我审核一下看哪里填得不好，你一定要帮我办好了。"

当时我带的两人主要负责处理材料，看到缺材料就说："你好，你还差个材料。"复印不合格的就让重新复印。我就在前面讲 ETC 和信用卡的好处，怎么用卡，我们的人则统一指导填表。

把材料收上来办完，大概一个月信用卡就批下来，批下来后人家肯定问 ETC 怎么安装，因为我在之前通知中已经说过了，得存 2000 元，信用卡才能办下来，2000 元中的 1400 元活期预存，走高速使用 600 元押金保证（银行主要业务需求）。

当年做 ETC 的时候，我没把储蓄卡的功能说得太深，只是说办 ETC 首先必须得办信用卡，中间还得往储蓄卡里存钱这个环节我没讲。因为这个环节我跟分支行商量了一下，存 2000 元只是一个程序，信用卡办下来，开卡后本来就可以解冻、可以取的。

这项业务因为我还要进行第二轮、第三轮的流程，因为之前已经设计好了流程，所以只要按照流程走是没问题的。

第一步只是办信用卡，先要把信用卡的任务完成，才能进行后边的事。因为客户是这样的，他先办了我的信用卡就得听我的，我如果先把 ETC 给他装好了，信用卡他就不办。因为有些人当时是很不愿意办信用卡的，还是愿意存钱过高速，我清晰知道这一点，所以设计好了流程，成功地办了卡。

程序我虽然讲过，但当时很轻描淡写。第一步得办信用卡，开卡激活消费，这样满足我们的业务要求；第二步安装 ETC，办张储蓄卡得存钱，这是我们的程序。我说信用卡账号直接透支过不去，必须得先有一笔存款，具体的 600 元得解冻，信用卡绑定 3~5 天后还需要去柜台解冻，这个核心环节我当时都没讲。

他们以为存了 2000 元就算办完了，信用卡下来 2000 元随便在 ATM 机就能取。我故意没有说解冻这个环节，就是存 600 元必须本人亲自到柜台去解冻，其实这是核心环节。但是在现场谈单的时候我觉得不能讲，因为我觉得自己能控制，按照我和分支行计划好的流程就能控制的。

一个月后他们就通知我过去装 ETC，但是各种原因我拖了一个星期，那边很急，让早点过去办理。

结果又来一事，我的直接领导说下星期有一个重要的全国总结会议让我必须参加。

本来我安排下周帮该单位装 ETC，如果按照我之前和分支行商量好的流程，我亲自盯、亲自教、亲自说是完全没有问题的，但是领导非得让我下周去开会。我想让团队的人去应该也行，团队中的两个员工一直跟着我做活动，流程他们都知道，我让他俩都去盯着，应该没问题。

我把所有的环节和程序都给他们交代好了，他们都保证没问题，我也就觉得没问题，然后我就开会去了。

结果发生了什么事？

开会那天上午，也就是同事去事业单位办事的上午，我一点儿都没闲着，我坐在前排，后来干脆坐后排，因为一趟接一趟出去，打了有十几个电话，领导都觉得我"疯"了："你这干吗呢？"

我说："领导，我真的要疯了！"为什么呢？最后出大事了，整个事业单位彻底炸锅了！

我不太知道中间的具体细节，因为我没去，大概意思就是这 600 元没说明白，弄得怨声载道！

我当时接到一通又一通电话，快中午的时候领导也接到了电话，是华夏银行大领导给他的电话。因为 600 元没说明白，他们把这事反映到了总行行长那里。

总行行长直接交代给北京分行，要支行的人过去协调办理业务，总行行长还把东直门支行行长给批评了一顿。

副行长在总行开会完后，直接赶过去亲自解释并道歉。其实他也蒙了，这事到底是怎么发生的？下边是怎么干的？他也不知道，因为副行长也不管这事。

最后他是在支行那里得到的结论。这件事是我揽的，当时轰动了整个华夏银行。

其实没有这件事，很多人可能对团办还没有这么深刻的印象，华夏银行的业务估计也无法发展得那么快。因为这件事，人们开始了解做团办的有关知识，很多人开始效仿，团办业务因此得以飞速发展。

"你弄个程序干吗呢？你这小姑娘竟然敢欺骗我们，存2000元押600元，还得去柜台解冻，多麻烦！而且，你没跟我说其中的细节，我们不认可这种方案，但信用卡办了也不能撤了，这ETC你还得给我们装。你必须得给我们解释一下。"对方的负责人这么说。

怎么协调呢？本来每个人存2000元，1400元是活期600元解冻，最后谈成的结果是2000元他们不需要负责，但总要有人负责。

所有人的2000元都不用掏了，由谁掏呢？由我掏，因为这是我揽的信用卡业务，业绩是我拿的。

我每次帮100个人先垫钱存上，当时有几百个人要办，我就分几批来办理，第一批100个人，每个人先垫2000元就是20万元，我给支行网点打进20万元，支行网点开速通卡，不用他们本人亲自到柜台。

这么做的好处就是：第一，2000元不用他们出了；第二，所有的程序给简化了；第三，600元也不用去柜台解冻，支行网点内部核心，领导签字，直接签字，直接解冻；第四，集体上门安装ETC。这是对方单位提的解决方案。

我们双方都同意了，其实支行也挺开心的，我打进了20万元，20万元进账，对于他们来说也就完成了储蓄，他们肯定开心。

后来我就盯着把ETC都装好了，这件事就算解决了。人生一切的发生必有其因，必有其果，人生不是得到就是学到，真的一定是这样的。有时候经历一些所谓的坏事，转念一想坏事可能就真的变成好事。

通过这件事，我给团队树立了榜样，他们从来没见过信用卡还能这样办，觉得我很厉害，这么大的单位都敢"惹"，这么大的事还能摆平，这样的业务还能做成，而且做得很成功。

名媛手记： 我是通过推动 ETC 团办，带动华夏银行信用卡团办的第一人。在销售的过程中，因为一句话，前后顺序不一样，就可能造成不同的结果，也可能产生意想不到的效果。

当时为了推动整个团办业务，我把所有的细节全部做到位，跟踪也到位，处理得很完美！最后一个步骤其实我也需要跟踪，但那时候必须去开会，所以只好安排两个贴心得力的助理跟进。但就是因为最后一步，他们在团办的最后阶段说错了一句话，所以导致了严重的后果，幸好我用自己的方式挽回了。

我要表达的观点就是：一句话，前后顺序不一样，在销售的过程中就会产生不一样的结果。我们必须懂得说话的先后顺序，以利于销售业务的开展，并获得自己想要的结果。

我的行动计划

通过这一节的分享,你学到了什么?又准备做点什么来提升自己呢?趁现在还有印象赶快写下来吧!

第四节 做销售时被抓到保安室如何把产品卖给保安经理

2009 年我成为全北京的六级客户经理,这个级别在全国只有两个,因为我的任务指标直线上升。

从 2008 年入职华夏银行,我都能够顺利地完成指标。到 2008 年年底 11 月我成为全国第一。之后我把第一当成习惯,不觉得第一是一种压力,只是自然努力的结果而已。

每一次热烈掌声的背后都是台下苦练的结果,这说的就是我。勤劳的付出才造就了这一切。有一次,我甚至被保安抓到保安室,也不忘记继续销售。

北京四道口有一幢大楼叫主语国际,分 A、B、C、D 四座,有一次我去主语国际 B 座办卡,我拿着工具箱楼上楼下地转,那里有很多摄像头,在扫楼办卡的时候,我要不断地绕开保安,绕开前台,避开摄像头,不被发现。

那天一股凉风从我后背吹来,我感觉大事不好,所以匆匆下楼,不一会儿就走到一层大厅。我明显感觉有人在举报我,心想必须得迅速撤退。

到一层大厅保安就来了,说:"刚才是不是你在楼上扫楼?"当时我不知道怎么的,特别生气,说:"我没扫楼啊。" 保安接着说:"你在楼上干吗呢?有本事去物业处和我们聊聊。"

我心想,我什么也没干,聊聊就聊聊呗,谁怕谁啊!其实在这种情况下我应该撤退,说句"对不起",赶紧走人,其实保安也不一定认识我,可能根本就没有真正证据抓到我现行。但这次犯邪,我就跟他杠上了,就跟他去了物业处。

我拿着工具箱跟着保安,"咣"一打开门,吓死我了!四个彪形大汉,每个人大概有 200 斤,又高又壮,就在门口站着,前面桌子那儿还坐了一个彪形大汉,但看起来绝对不像保安,一定是物业部的经理(坐在电脑旁)。经理看上去怒气冲冲的,我感觉他好像要发飙,所有人都盯着我,好像在审嫌疑犯一样的感觉。

我不像在一层大厅那么的理直气壮了，立马就变得乖乖的，说："你们干吗让我来这儿啊？"

物业部的经理说："你哪儿来的？谁让你在这儿扫楼的，啊？"他就开始吼我！我说："我什么也没干呢，我就办了几张银行信用卡啊。"我老实地交代。"办几张信用卡？楼上都打好几个电话投诉了！"他劈头盖脸地对我怒吼！

我给吓哭了。当时我想起了黑社会的恐怖电影中的恐怖情节。

我一哭这物业经理还有点发蒙了："你哭什么哭？真是的，我又没说你什么！喂，写写你为什么来这幢大楼？干吗来了？怎么来的？写写经过。"

那个阵势确实把我给吓坏了，他们让我写我就得写啊，我就一边哭一边写，一边写一边哭。

"停停停停停，别写了，纸不花钱啊？"这时候经理开始发话了。因为我一下就写了好几张纸，还没有停下来的意思，我写那么多都写什么内容呢？

我越写越激动，越写越委屈，越写越想哭！我为了家，放弃了在唐山稳定的机关事业单位，放弃了那么好的男朋友。大学本科毕业，我本以为来北京可以找一份很好的工作，去了百度发现是各种不喜欢，然后做了好几份销售，虽然自己很努力，但没有业绩！

这些也就罢了，后来进银行，我感觉还挺好的，却不小心进错了团队，遇到了那样的主管，还遇上这事，所有的委屈我都想写出来。

我越写越生气，越写越伤心，越写越想家，越写就越想哭！

写完这些之后，保安经理抽出我写的开始念，"姑娘你文采不错呀，内容还写得挺详细。你为什么来大楼，还搞这么多事儿。"这个经理说着突然"噗嗤"就笑了，"哎！你这文采这么好，要不然你别干你的工作了，来给我当助理好了。"

这个经理当时正好想招助理，通过这件事，发现我原来是一个特别好的人。

后来经理就跟我聊起天来："你手里拿着的工具箱是怎么回事啊？"我心想

怎么又变脸了呢？我就一边委屈一边说，那是银行的开卡礼。他们还以为有人拿着凶器到单位干吗呢！这么一说，他们才知道，原来是办信用卡银行送的礼物，也就不再追究这事了。

"哎，我觉得工具箱这件礼物还不错。"这个经理他想要这个东西。"这个工具箱确实很不错，一般男士都会喜欢这件礼物。但这个东西可给不了您，这是办卡给的开卡礼。"我说："那我办张卡不就得了。"我莫名奇妙就这样给这个经理办了一张华夏银行的信用卡，这张卡办得也够奇葩的。

我以为这个经理各方面比较优秀，办张华夏银行的白金信用卡是没有问题的。信用卡分为金卡和白金（小白金）两种，我们银行没有普卡，大家平时都用的是金卡，而我给他办了一张小白金卡，他挺开心的。

但这个物业经理办的白金卡，后来没批下来，竟然给他批了一张金卡。

后来那个经理还问我："你工作是不是有任务量？我把保安全部召集下来给你办卡。"经理真是太热心了，我很感动。

但是保安办不了，因为银行有规定，我只好委婉拒绝他的好意。

名媛手记：没有无缘无故的成功，也没有一蹴而就的成功，成功的路上都洒满了泪水、汗水，这样才能把销售工作做得更好。

无所事事地过一天和有计划努力工作地过一天，一天、两天看不出任何区别，但是一个月后会看到话题不同，三个月后会看到气场不同，半年后会看到距离不同，一年后会看到人生道路截然不同！

我的行动计划

通过这一节的分享,你学到了什么?又准备做点什么来提升自己呢?趁现在还有印象赶快写下来吧!

第五节　冠军信念竟然让我努力到惊动银行总经理

在银行这么多年，我总结了很多的方法和窍门，这让我能够在工作中游刃有余，并不断地发现、完善、强化自己。

我每次见到客户就特别的开心和兴奋，没有其他销售人员的那种压力。

我有做销售的天分，能持续取得好的销售业绩。当然，除了销售技巧和经验，持续不断的努力是不可或缺的，但这并不是所有人都能做到的。

就比如说晚上加班这件事情，对于银行来说，晚上是有值班的，销售人员白天出去办卡，销售人员给客户办完卡回到单位已经六七点了，把当天办理信用卡业务的资料整理出来，还要两个小时，因此银行每天都安排一个主管值班到八点半再锁门。

一般主管级别的都不太愿意值班，为什么呢？谁都想早点回家。在这种单位，大家还没有加班的意识。

我算是一个"奇葩"，上班这么多年我几乎都没有晚上十点前回过家，为什么呢？因为白天我都在客户单位办理信用卡，客户填的表格要整理，身份证要整理，材料要盖章录入，这些都要等到晚上来办。

别人下班的时间才是我真正开始上班的时间，我每天工作到晚上10点到11点，我刚入职的时候工作效率不高，甚至到晚上12点我才下班！

有时候不是我值班，银行的钥匙又必须得找专人负责，拿不到钥匙就不能在银行加班，也就无法工作。为了这件事情我还跟某领导吵过架。

有一天，某领导值班，到了锁门的时间他就对我说："你现在必须得走。"我说："我走不了，我还在处理资料，没有弄完。"他就说："你要不走我就给领导打电话。"他说的领导指的是北京营销中心的领导。

北京营销中心的领导知道我在工作，不是在干别的，也不能不让我工作，但是他也知道值班的人到了下班的时间也该下班，为此他很为难。

我平时跟这个值班经理关系不是特别融洽，因为他不满意我是唯一一个正式员工，而且还可以在办信用卡业务，这在整个银行系统中是没有的。

后来，他给总部大领导打电话，大领导也不好回答，就跟这个值班经理说："你都做到了经理这个级别，这点事情你还不能处理吗？我相信你没问题的！"

我们支行别人值班的时候怎么协调我加班这件事情呢？基本上形成了一个规律，那就是几乎每一天都是我值班，因为他们都知道我走得特别晚，也知道有个别员工可能八点回不来，每一个团队都有人要回来交件、打卡。

为什么那些员工那么晚还要回来呢？是为了把资料交到这里，因为第二天他们可能要去很远的单位给客户办卡，就从家里直接过去，所以他们头天晚上再晚也要过来把资料放在这里，这样第二天主管就能帮他们审核文件。

每天值班的人一般只要看到我回来就会说："乔姐我把这个钥匙给你，今天你替我值班，到时候锁门。"所以每天值班基本就变成了我，这么多年几乎都是这样子！

但是那天正好赶上了这个经理，他就较劲地说："你今天必须得走，今天我就得清场，你不走我就锁门关灯。"我说："你有本事就把我锁里边呗。"我们俩就较起劲来。

两个人都是暴脾气，这时我就不理他，继续整理我的资料。他陪着我，其实内心的怒火在燃烧。

我继续处理一大批资料，然后我就给客户打电话，核实客户的基本信息。

大家应该都知道，在处理业务的过程中，银行和客户之间存在一些风险控制方面的边缘地带，一些客户为了礼物需要用一些话术来绕过银行的某些限制点。虽然银行制度是死的，但人是活的，所以我能控制很多的风险点来帮助客户。

这个经理竟然把我帮助客户设计的一些话术，教客户在银行信用卡客服审核端客户应该怎么回答银行工作人员的一些话术，给录下来。

我那样教客户，是为了让客户能够得到银行更好的福利待遇及特殊的政策。他竟然把这些录了音，然后放给我听，说："你要是再不走，我就把这段录音捅到总行去！"这是第一件事情。

第二件事情，他说："要再不走，这个录音就交给做风险的协查，让你在银行混不下去！"但我能怕他吗？肯定不怕！

因为我知道这种话术是没有问题的，拿出去我也不怕。

我个人认为，在特殊的情况下这么处理一点儿问题都没有，而且如果知道前因后果，这些在银行的政策角度与风险角度上是完全没有违背银行的利益的，而且还对银行有利。

所以他拿这些来挟我，我当然一点儿都不怕。后来他又做了一个举动——要抢走我桌上的资料，他说："你这么做有风险，我有权限保留这些证据。"因为他的级别让他有权限这么做，所以他强行抢走了摆在我桌子上的大概200份的客户信用卡材料。

他是一个男的，又是在我没有防备的情况下，我自然抢不过他。他抢走之后就把资料都锁到了柜子里。

这时候我就给北京营销中心的领导打电话，大领导接到电话，就已经知道我俩发生了矛盾！

大领导就电话里对我说："小乔这样吧，这件事情呢，等到明天上班的时候再处理，你先回家好不好？"我当时的状态也不好，我认为大领导压根就不应该默认值班经理的行为，值班经理他怎么能抢走我的材料，大领导不管也就罢了，然后竟然让我回家呢！

我肯定不回家！

我就没管北京营销中心这个领导，直接给总行的CFO大领导打电话，因为那个领导知道我做业务特别厉害，也认识我。

总部的CFO接到这个电话时都夜里十点了，更是莫名其妙："到底发生了什么事情啊，名媛？"我一边哭一边委屈地说着没人管我的事情，领导听了就赶紧给北京营销中心的领导打电话，问他怎么回事，让其赶紧处理好！

北京营销中心的领导本来以为明天处理就好了，没想到总部的大领导都知道了这件事情，那他肯定得立刻赶来现场处理。

北京营销中心的领导又打电话跟我说："你们现在非得让我去处理吗？非得处理的话，我到你那里就得十一点了。刚才可能我处理的方式有欠妥当，名媛你可不可以让我明天再去处理呢？"

我这个人吃软不吃硬，领导都这么说了，我也不好半夜十一点让领导赶过来。

我就说："领导您都这么说了，那我就走吧。"所以我就离开了。

第二天北京营销中心大领导就亲自过来处理这件事情，然后回放所有的录音，最后劝服我们两个人。第一，名媛事情没处理完，值班经理赶她走，不应该；第二，值班经理不应该强行抢走名媛手中的资料；第三，名媛要注意说话方式，否则很容易吃亏。事情得以圆满解决！

通过这件事情，我感受到北京营销中心领导以及总行的领导对我的关心，只要是有助于银行业务方面，我有任何要求，他们都会尽量满足，这让我内心充满了感恩和动力。

所以直到今天，我都十分感谢银行核心高层领导对我的关心和帮助。感谢他们！

名媛手记： 始终坚持勤奋努力地去做销售工作，感恩生命中的一切美好和不美好，生命的精彩来自不断地去体验，这样可以让自己成长得更快！

我的行动计划

通过这一节的分享,你学到了什么?又准备做点什么来提升自己呢?趁现在还有印象赶快写下来吧!

第六节 故事营销：让客户不可抗拒的不销而销

"所有的销售高手都是讲故事的高手"，你一定听过这句话，我对这句话的感悟更深，八九年前我做信用卡销售的时候就开始使用这种策略。

任何人都不愿意臣服于别人，不愿意被别人说服，也就是人们不愿意听别人给自己讲道理，因为很多道理和自己内心的认知是不一致的，人们的潜意识里往往会无意识地产生抗拒。但是人们喜欢听故事，因为故事具有趣味性，不会给人带来压力。

一个不容争辩的事实是，人们的购买行为往往是情感的需求决定了购买的动机，在购买后再用逻辑的理性自我说服，那么故事营销则是打开情感之门的最好途径。

生活中这样的例子比比皆是，我在办卡的过程中就多次经历过。

华夏银行当年办信用卡的时候，为了让客户愿意办卡，银行准备了一份开卡礼。什么叫开卡礼呢？就是客户拿到信用卡开卡激活消费，累计消费3000元或5000元以后，客户才能拿到一件礼物。

如果直接给客户办卡就拿到礼物，客户拿到卡后可能不开卡、不刷卡，因为银行真正赚取的利润是通过客户刷卡消费从而赚取商家的手续费，这是信用卡的利润点，所以银行一定要鼓励客户开卡刷卡。如果客户开卡刷卡了，那么银行送件礼物肯定好，这是第一方面。

第二方面，一旦客户开卡刷卡，刷了三四千元，他就会形成习惯，沉淀下来的客户大部分都会用这张卡，而且会持续不断地使用。如果客户在持续不断用卡的过程中，银行再有各种活动，那么客户顺理成章地就成为银行的永久客户！

现在做营销遇到的一个最大的困难是什么呢？客户压根就不来了解你的产品，不了解你的项目，销售就很难做。

在现实中，很多产品我们即使都买回家使用的次数也不多，因为我们觉得用起来麻烦，很难改变自己的习惯。

但东西只有客户用了，持续不断地用，企业在后续不断的追销过程中才能真正赢利，企业的利润点就在后边追销部分。

前端都不是最根本的盈利点，只有在后边客户主动自发地追销，成为稳定客户的过程才是真正的利润点。

我在给客户办卡的时候发生过这样一个故事：机缘巧合，一位女士客户办了我们银行的信用卡。为什么办卡呢？她说是为了得到我们银行的大帐篷。我就让她跟我分享，分享帐篷怎么个好法。

她说也不是帐篷有多好，她有一个孩子，家里阳台特别大，每年尤其是冬天的时候外边特别冷，而她家是南北通透的房子，中午九十点以后，一直到下午三四点，阳台上的阳光都很温暖。她可以把大帐篷放在阳台上，把小朋友的玩具和喜欢的东西都放在帐篷里边和周围，小朋友就觉得自己有了一个房子。冬天外面既不安全又寒冷，有了帐篷，这个房子充满了阳光、温暖和爱，所以小朋友就别喜欢在里边玩，家长觉得有帐篷可以让孩子有属于自己的小天地。

后来我再给客户办卡的时候就抓住了这一点，客户出于各种原因考虑不愿意办卡用卡时就说银行送你一件礼物。他说："什么礼物？"我说："帐篷。"客户就会讲自己不需要帐篷，我说："你并不一定不需要。"

他就会问："怎么就不一定不需要了？我就是不需要！"或者你有的时候可以跟客户同频："我知道你不需要，可是我觉得有一个人需要。"我这么说他也会比较感兴趣。

在跟客户沟通交流的过程中，我一定会提前想办法测探一下，看看他家有几个小孩，大概几岁，因为六七岁的小孩会特别喜欢帐篷的。沟通过程中了解到客户家孩子的情况，才能为后续做销售方案做好准备。

然后我就说："肯定有一个人需要。"他说："谁呀？"我说："你们家小孩。""我家小孩怎么就需要呢?"客户还挺奇怪的。

我说:"你家阳台肯定特别温暖,尤其在中午十一二点的时候,对吧?"客户说:"是呀。"我说:"小孩玩具多吗?"客户说:"多呀。"我说:"我想问一下,你家小孩的玩具是不是都放在地上?"客户说:"是呀。"我说:"要是在温暖的阳光下,小孩在帐篷里玩你觉得好不好玩?"客户说:"应该挺好玩的!"

我说:"我有一个朋友,她就把小孩子放在帐篷里,小孩特别喜欢。"他如果可以想象出这个画面,就肯定愿意为此买单。

如果他想象不出来这个画面,你就可以让他想象一下,你可以说:"您的孩子从来没玩过,让他感受一下,在那么好的阳光下放一顶大帐篷,跟小房子似的,把所有的玩具放在里边,小朋友可以在里面在那里睡觉午休,特别美!里边可以铺上毯子,装扮得特别温馨,小天花板、小天鹅顶全部都弄好,您觉得好不好玩?"

我这样就借用了客户讲给我的,用帐篷做出的一些很好玩的事情,然后我讲给其他客户听;让他对帐篷有需求,为办卡打基础。此时客户会觉得还得刷卡比较麻烦,我说:"您怎么着一个月不得刷个两三千元对不对?刷哪张卡都是刷,顺手刷我们的卡就好了。"

这时候客户就会给自己找理由,也会给自己找通道:"对啊,正好这两天我要买空调/这两天我要给我妈买冰箱/这两天我朋友要结婚"等,当你把他的需求点挖掘出来的时候,他一定会对这个东西非常感兴趣。

当他对我的东西非常感兴趣的时候,我想不让他办卡都难了,这时候我就很容易销售成功。

所以销售高手都是讲故事的高手。但所有的成交高手讲的故事可不一定是自己的故事,也可以是别人的故事。

所以要不断地创造客户的需求,当客户的需求被创造出来时,即使客户遇到了困难,他自己就会想解决方案。

只要你挖掘出客户的潜在需求，且挖到极致，**痛点要说透，好处要给够**，在这种情况下，他觉得这些都是自己需要的，您的销售就成功了。

名媛手记：分享到这里这本书已经要接近尾声了，销售是营销工作中的重要一环，也是决定企业利润和生存年限的重要指标。作为个人，把销售工作做好也可以让自己的人生变得更美好，让自己的父母和孩子过上更富足的生活。

销售工作做得好需要技巧，更需要长时间大量的练习和持续专注的坚持，我分享的销售秘诀再经典，销售流程分解得再细致，场景再现演示得再完美，如果你不练习并加以运用，那么你很难让自己的销售工作更上一层楼，所有的努力也会付诸东流。

我为什么愿意把这些年的销售经验毫无保留地分享出来，愿意去帮助在销售工作中感到迷茫和无助的伙伴？所有的改变都来自某件事的触动，来自于生命中一次特别的遭遇。

现在快速翻页，让我来告诉你这个不得不说的秘密！

我的行动计划

通过这一节的分享,你学到了什么?又准备做点什么来提升自己呢?趁现在还有印象赶快写下来吧!

后 记

不得不说的秘密

完成了十多万字，对于我这个并不擅长文字的人来说并不是一件容易的事。写这本书的初心，是为了帮助做销售的伙伴能够轻松快速地掌握销售技能，过上更富足的生活，让销售工作变得更加简单高效。凭着这份爱和感恩之心，这本书应运而生。

平时在会场、企业做分享和讲课，我感觉是很简单的一件事，但真正拿起笔才发现写作并非易事，有点无从下笔。

怕读者不明白，写得太细感觉自己在碎碎念；怕读者感觉不够高大上；怕写太专业术语读者理解起来费劲，于是写了又删，删了又写，反复多次，大的章节和主题推翻调整了三次以上，内容修改调整更是多次，成稿的四个月中无数次差点想放弃。

数位好朋友的支持支撑着我，让我顺利完成了书稿。同时，这也源于这些年深藏于我内心的一个秘密。

这个秘密要从我的妈妈说起。我的妈妈是一个特别热心肠、乐于助人的人，但是有的时候好心泛滥也帮了一些不该帮的人。

我的银行业务一直是全国第一，手里有点钱。当时我妈妈开始做保险的工作，但她不懂营销技巧，家里人不支持她，我支持，我觉得做保险挺好的，妈妈喜欢与人打交道，如今找到一份自己喜欢的工作，我很支持她。

我妈妈做保险的时候经常跟我讲一些理财产品及好的保险项目，我觉得买点保险没问题。妈妈每次都是为了完成任务来找我，我肯定就跟她买一些，以鼓励她，希望她把业务做好，所以我就不断地买各种保险。

突然有一天，妈妈说家里要盖房子，我就打过去一笔钱，大概四五万元，妈妈没有拿这笔钱盖房子，而是给我买了一种理财保险，那时候我不知道这件事。一年后妈妈告诉我买的那个保险现在涨到了六七万元，我听后还挺感谢妈妈的，觉得她比较有头脑，心想理财保险还可以这么做，觉得挺好的。

我发现理财保险的这种赚钱方式比我在银行的理财收益高，妈妈上面有一个经理姓王，那个经理我也见过几次，她们一起工作了六七年的时间，那个经理就跟我讲理财保险的各种好处。因为我妈妈的亲情，还有这种信任，我就不断地往那里打钱，最后竟然打了100多万元给她们。当时我就想，这100多万元到来年的时候，就可以挣回200万元，到时我就可以全款买一套房子，我觉得挺好的。

我在银行刚挣着钱的时候，觉得北京的房子有点贵，但我也想买。当时我在新街口看了一套房子，当时房主要价115万元，我只有112万元，就差3万元，然后我放弃了。

我觉得买保险挺好，也信任她的经理，可我不知道的是，她经理用这笔钱投的不是真正的保险理财，而是私自挪用投入投资平台，而且我打了好几笔钱过去。

2013年打完钱，到2014年的时候我想把这钱拿回来，可是根本就拿不回来了！有很多讨债公司都去找王经理，最后我一点钱都拿不回来，这时王经理已经在监狱里了，因为她涉及非法诈骗和集资，被拘留了。

所有的打款过程妈妈都参与其中，而且妈妈不断地跟我保证没问题，我自然是相信的。到2014年最后那一刻钱要不回来的时候，妈妈还坚信她的王经理一定能给我钱。

妈妈还坚信是上面的人骗了王经理，王经理没有想骗大家。

当我发现100多万最后要不回来的时候，我特别的急躁和愤怒，就跟她吵架，我甚至说："如果你不帮我要回来，我就不活了，因为那是我攒了几年想买房子的钱，现在都化为了泡影。"我不断地给妈妈施压。

这件事情让我俩之间有了很大的隔阂。

我还得继续在银行上班,所以那时候为了转移注意力,我把所有的时间和精力都转移到了工作上。因为钱没了,更得好好工作,对不对?

有一次办卡,我遇到了某银行协会的一个博士,那个博士跟我说:"我给你提供一个消息,通州的房子要涨价。"

2015年的时候,大家都猜测北京政府要搬迁的消息,这个博士说政府两个星期之内肯定搬迁,因为他的朋友在政府上班。他为了让我相信他,最后拿出了一个证据——刚刚买的房子的房本给我看,确实是一个星期之内买的房子。他说:"如果不涨价,我不可能全款买这套房子,你相信我,就赶紧去买一套,保证对你有帮助。"他就这样来劝服我。

这个博士还给我介绍了一个中介,并约好时间去看房子。那天两个人带我去看房,小区叫荞馨园,跟我的名字只差一个字,我就有一种预感,今天这套房子我肯定是买定了!

当时看了房我就立即交了定金,后来真的就买了。在这个过程中,还有一个小小的插曲:当时钱不够,我的信用卡有十几万的额度,然后我给客服打电话问能否提升额度,客服当时立即多提了10万额度给我,所以人的信誉度和信用值非常重要。

房子定好,一个星期之后政府搬迁的消息真的就出来了,房价真的就涨了。其实当时签完了所有的合同,交完定金、中介费,第二天我还后悔,说自己从来没有这么冲动过,几个小时就一次性花了这么多钱。但有时候冲动也是正确的选择。

后来北京通州限购,房子就蹭蹭蹭地一直往上涨,两百万元的房子,涨到现在已经是四五百万元。

在买房的整个过程中,我得到了很多收获,突然觉得,老天为你关上一道门,就一定会为你打开一扇窗,你看房子一下就赚了300多万元,我当时的财力损失才 100 多万元！当时如果没有那么多钱莫名其妙地都没了，没有那种刺激和心痛，或许我无法下决心买一套房子。

只要你放宽心态，相信一切都是最好的安排，就一定会得到最好的安排。就是这样的，时间给了你更多不同的期待。

当你放下的时候，当你看开的时候，当你想起过去的时候，你会发现有另外一片更美好的天地在等着你。通过这笔损失，我得到了一套房，所以我觉得人生有很多不同的机遇。

买了房子这两年也算风平浪静，2016年年底我竟然又得知一个让我更为震惊的消息！

妈妈为了帮助家里的亲戚，以她自己的名义给别人打欠条，然后把这些钱拿给我舅舅用，而且打了好多笔！这些都是在把我的钱拿到王经理那边去做理财投资的时候同时发生的！

我不知道她被什么心魔给缠住了？借钱给她的那些人因为信任、认可我妈妈，我妈妈平时真的很大方，为了帮助别人，自己却省吃俭用。2018年年底我才知道这些事情，家里竟然来了很多要债的！

我妈妈夸张到竟然把家里的房子都抵押给别人（当然农村的房子也值不了多少钱）！

天天有人来家里要债，爸爸不知道我妈妈的这些事，有人到家里要债这让他很难受。

到家里要债的那些人有的是亲人，有的是老人，然后我妈妈就去找借钱的舅舅，而那些舅舅们竟然都不理她，也不接电话！找到了，他们也说没有钱，说有钱了一定给！

我妈妈得承受多大的心理压力！

那时候我也很纠结，我在北京，家里的事情我处理得少，就请了一位我认可的、格局比较高的朋友来分析这件事情，他说："你看，现在你妈妈帮你舅舅借的钱，都是认可她的亲人的钱，借钱给她的那些人当时也是相信她才把钱借给她，可是你妈妈还不上他们的钱，你说他们这种亲戚关系找你妈妈要债，你妈妈的心情会不会特别复杂，这是第一件事情。

"第二件事情是你妈妈借钱是为了你舅舅，而你舅舅现在就是认钱不认人，你的舅舅们也不管她。作为闺女你们不帮她，你妈妈的内心肯定很崩溃。一个60多岁的老太太，她怎么从一点点没有钱，到几十万元、几百万元。现在这样折腾，她本来是想帮助别人，用心是好的，最后却是这样的结果，她怎么可能有这么强的心理承受能力！而作为子女，你们有还款的能力，具备赚钱的能力，你们也没有人去体谅她，她的心情会是怎样的？

"如果你妈妈一直这样郁结下去，最后一定会生重病，所以你得去化解、去衡量，为人子女一定要懂得孝顺父母。"

当听到别人这样跟我分析的时候，我突然就释然了，欠债还钱是天经地义的事。我妈妈借钱的那些人也都是我的亲戚，虽然我经常在外面工作，不太直接跟他们接触，但毕竟是亲戚，而且都是老人，他们赚钱也不容易。

我不能因为是我妈妈打的欠条（确实在法律上跟我没关系）就漠视这件事情，我做不到！

所以在这种情况下，我应该帮助她来还这笔款，最后我就用自己的方式，把几十万元帮我妈妈还了。

还完后，为了让父母的心情变好，2018年年底我带着爸爸去了一趟云南，带妈妈去了一趟广西，让他们第一次体验了坐飞机的感觉。

他们这么多年都生活在农村，从来没有坐过飞机。记得第一次带爸妈坐飞机出去旅游，他们享受了大自然的美景，享受了这么多年没有享受的东西，他们的压力就全部得以释放。

我跟妈妈说："以后不要再参与任何借钱倒钱的行为。"妈妈可能也是因为这件事情受到了很大的打击，记住了这次教训。最后，我用一场完美的旅行让他们享受了人生从未享受过的生活，以此来回报他们。

在这个过程中，2019年我的思想格局得到了很大的提升，意识到，**生命幸福快乐的真正秘密就是爱与感恩**，我应该把这份爱传递出去，把自己所拥有的销售经验和核心技巧分享给更多人，让人们因为我的分享而受益，让更多的人参与这份爱的接力。一个人的成功不是自己功成名就，而是因为自己的分享让别人更成功而喜悦！

世上有那么多的绝学、心法、神技、内幕、宝典，最后我要分享一个最核心的销售秘诀，**你一定要把这个秘诀设成你的手机屏保、电脑屏保**，打印出来贴满你的整个屋子和你的车子里，请你这一生一定要记住这一个字——干！

现在马上就动手，拿笔把你的计划写下来，现在就开始给客户打电话！

不要忘记过去，也不要害怕今天，更不用为明天担忧，你能拥有的只有现在，谁都不能确定还有没有明天，当下就是你开始的最好机会，没有比这更好的机会了。

最后，祝你的工作早日取得佳绩，拥有富足的生活和人生。

学员见证

我是熊爱平，房产投资咨询师（资产配置优化）。通过参加乔老师两天的"冠军话术"辅导班，第一天听完兴奋的我凌晨四点半才睡着。我把第一天学到的和我现在的销售流程进行结合优化，"冠军话术"两天精彩、专业、系统、流程化的分享让我收获满满，之后我准备用系统的销售流程优化现在的产品，然后大干一场，也希望《八连冠销售冠军的实战手记》能让你收获满满。

我是周卫晶，我企业的主要业务包括公司注册、商标注册、疑难贷款、高新认证、申请国家扶持资金以及解决企业出现的税务相关疑难问题。作为乔名媛老师"冠军话术"辅导班的学员，两天的辅导让我印象非常深刻，完全颠覆了我以前的思维方式。我原来的销售经验都是一步一步推着走的，没有任何的销售逻辑，也因此丧失了很多客户，损失了很多的机会。通过学习，我认识到要不断地进行自我总结，不断地思考，学习不应该学一些假空大的东西，而要学像"冠军话术"一样有完整体系和成熟方法论的课程，这对我的企业帮助更大。

我是汤学平，现在从事金融行业，聚焦方向是股票证券方面投资。《八连冠销售冠军的实战手记》的作者乔名媛老师是我多年的朋友，文中的每个经典案例无不凝聚着她的汗水与智慧，真诚赢得信任，利他才能感动，不管你是从事销售还是其他行业，都会从中有所启发。在我看来，成交的背后无不是对人性恰到好处的把握，在参加乔老师的"冠军话术"辅导班后，我有幸提前读到《八连冠销售冠军的实战手记》，对销售和沟通的理解更加深刻。

我是常志，我公司经营商用和家用中央空调销售、安装、维保、清洗一条龙服务。乔老师开办的"冠军话术"辅导班让我深有感触，尤其是关于"破冰"的阐述。之前两年我是不怎么和别人讲话的，但是我觉得自己的销售功力还是蛮高的，高到哪里我却不太清楚，所以没办法让团队复制，通过学习，我明白了背后的逻辑。尤其是书中对画面感的解读让我意识到，人生真的要学会给自己的团队和客户描述画面，系统的课程架构让我受益匪浅。

我叫刘丰玲，在广州经营龙族宠物店。在参加乔老师的"冠军话术"辅导班之前遇到的问题是：第一，表达不清晰，经常我讲的是A，客户接收到的是B，讲的意思客户听不懂；第二，经常觉得很好的东西硬塞给别人，发现大家很抗拒；第三，不懂的变换角度，经常只讲自己想讲的话，不懂得站在客户的立场讲客户想听的，和客户沟通没有很好的回应。通过两天的学习，这三个问题都已经得到解决，感谢乔老师和冠军销售团队的大爱付出，我也会把这份爱传承下去。

我是杜强，是一名财务规划师，擅长资产配置、保险理财。乔名媛老师"冠军话术"辅导班中的"利他"和"高价值善意建议"这两条让我受益匪浅。在参加辅导前，我也一直在上各种各样老师的课，觉得上完了却让我更迷茫，反倒不会销售了。参加完"冠军话术"辅导的第一天，"利他"的互动分享就让我意识到了自己的盲点：要从客户的出发点真心地去做一件事，从客户的出发点去想。还有"农耕思维"，如果我按照这个思维去做，我的人生将完全不同。乔老师的辅导非常实在、实战、有效，推荐你也及时参加。

书 摘